U0461835

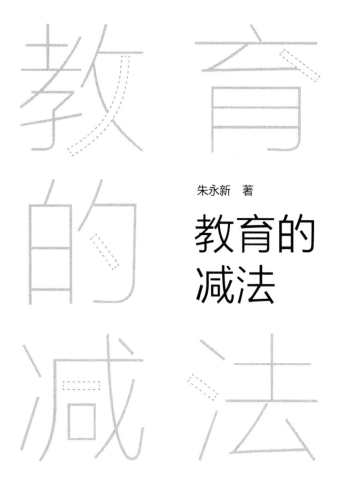

朱永新　著

教育的
减法

中信出版集团｜北京

图书在版编目（CIP）数据

教育的减法 / 朱永新著 . -- 北京 : 中信出版社，
2023.3（2025.10重印）
ISBN 978-7-5217-5294-6

Ⅰ.①教… Ⅱ.①朱… Ⅲ.①教育研究 Ⅳ.
① G40-03

中国国家版本馆 CIP 数据核字（2023）第 032352 号

教育的减法
著者： 朱永新
出版发行：中信出版集团股份有限公司
　　　　（北京市朝阳区东三环北路 27 号嘉铭中心　邮编　100020）
承印者： 北京通州皇家印刷厂

开本：880mm×1230mm　1/32　印张：7.75　　字数：130 千字
版次：2023 年 3 月第 1 版　　印次：2025 年 10 月第 11 次印刷
书号：ISBN 978-7-5217-5294-6
定价：56.00 元

目　录

序 言

　　这本紧赶慢赶的小册子，一拖再拖，拖到今天终于仓促成书了。

　　写书，于我，永远是一种遗憾的艺术。我不是职业作家，我有公务，有各种各样的活动，无论我怎么努力，怎么管理时间、提高效率，现在捧出的书稿依然是我不满意的，总觉得还有很多需要"改善，改善，改而后善"的地方。

　　早在"双减"政策出台之前，一位作家朋友就建议我续接当年的"新父母教育"，为天下父母写一本书，缓解他们的焦虑，在需求端给孩子减负，让孩子过上我们新教育实验倡导的"幸福完整的教育生活"。

　　2021年夏天，中共中央办公厅、国务院办公厅印发《关于进一步减轻义务教育阶段学生作业负担和校外培训负担的意见》，把"双减"旗帜鲜明地写到了文件的标题中。"文章合为时而著"，虽然我在这本小书中讲的教育的减法与"双减"并不完全对应，但是"双减"的确是我写作本书的大背景，也是一个"催生婆"。

在这样的背景下，这位朋友鼓励我尽早把自己对减法教育的思考写出来、分享出来，与天下父母乃至于教育职业共同体成员分享、讨论、理解减法教育的意义，缓解教育焦虑，也能够让大家站在更高的立场上理解"双减"，理解教育改革与创新的必要性。从去年到今年，这位朋友隔一段时间就催我一次，他说："这是为天下父母做功德。"

现在，呈现给读者的这部书稿，显然不只是一本给父母阅读的小册子。这是我与天下父母乃至于教育职业共同体成员，研讨"双减"背景之下家庭、学校、社会为何减、怎么减的系列思考，大体上可以分为三辑。

第一辑共四章，主要是从认识论的角度，与父母谈减法教育。第一章和第二章，我想跟父母讨论我们为什么要谈论减法教育。我们谈论减法教育的前提是什么？是幸福生活！要把教育的减法与生命的意义结合起来思考。过去我经常说，人的生命可以分成长度、宽度、高度。长度是自然生命，是身体的健康与安全；宽度是社会生命，是受人欢迎的程度；

高度是精神生命，是信仰和价值观。教育是为人的生命而存在的，命都没了，教育还有什么意义呢？拓展生命的长宽高，是教育的价值所在。在第三章，我向父母们介绍了陶行知先生半个多世纪前的减法教育理念，鼓励父母和老师解放孩子的眼睛，解放孩子的头脑，解放孩子的双手，解放孩子的嘴，解放孩子的空间，解放孩子的时间。接着，讨论减法教育的根本目标：过一种幸福完整的教育生活。这是新教育的理想，也是教育之所以要努力做减法的根本方向。

第二辑也有四章，主要是从方法论的角度，谈减法教育的落地。学制能不能做减法？内容能不能做减法？文凭能不能做减法？观念能不能做减法？我们的义务教育阶段，包括整个基础教育阶段，学制要不要缩短？一个学生念到博士毕业已经快30岁了，人生最美好的青春年华都在校园里度过了。学习究竟是连续的线性好，还是非连续的阶段性好？现在我们的思维方式是什么课程重要加什么，这在小学、中学、大学阶段是普遍的趋势。结果自然是课程越来越多，当学生的时间都被占满了，还有什么自由发展的空间呢？因此，能不能做一些减法，减掉不必要的知识，减掉不必要的课程？

借助本书写作的机会，我开始认真地思考文凭的减法。能不能从文凭社会走向能力社会？我想，教育的减法中，最应该做的，也最难做的，可能就是文凭的减法。文凭，已经是教育的符号、教育的魔咒。中国古代有一个"买椟还珠"的故事，我们的学历文凭，就是那个外表华丽的空盒子。当然，所有的减法，归根结底是观念的减法、思想的变革。没有观念的减法，不在思想层面深刻理解教育减法的意义，是无法真正变成自觉的行动的。在第八章，我从中国现代有识之士的减法教育观念说起，提醒大家讨论：减法教育会不会妨碍义务教育制度的落实？减法教育会不会降低国家的人力资源竞争力？我希望从教育思想讨论的角度，谈谈我们能否为包括义务教育"双减"在内的更为广泛的减法教育做一些观念上的准备。

第三辑是三章，主要是从主体论的角度，谈父母的减法、学校的减法和社会的减法。在第九章，我跟读者朋友谈心，谈到父母的减法：如何把自由还给孩子，让孩子成为更好的自己？如何减少对教育的焦虑，拥有一颗平常心？如何减少对孩子的压力，让孩子阳光灿烂？如何减少对孩子的帮助，让孩子自立自强？如何减少对孩子的干涉，让孩子自由成长？如何减少对孩子的批评，让孩子拥有尊严？第十章讲学校的减法，主要讨论课前与课后的关系，下午三点半之后孩子究竟要干吗？我一直想就社会的减法说几句。大幅压减学科培训，堵住父母焦虑的源头，防止社会机构凭借资本实力"野蛮生长"，反对利用父母和学生的功利心态，炒作、放大教育焦虑，逼迫、胁迫学校教师和父母就范，这些做法在方向上都没有问题。

但是，减少校外培训并不意味着社会在协同育人方面的功能减弱，相反，新的格局和变化要求社会给儿童提供更丰富的实践资源和活动区域。特别是对于儿童生活的社区而言，如何利用国家政策和社会变革的动力，为儿童提供更好的发展环境和公共服务，对协同育人起着重要的作用，这些都是我们在讨论减法教育的时候，不能不考虑的问题，这也正是第十一章要讨论的问题。

回头看，三辑共十一章探讨减法教育的书稿，有的像教育随笔，有的像教育策论，有的像读书札记，林林总总，思考多于实证。这些思考大致涵盖了减法教育的主要问题，但是，究其实质，这不是一本结构严谨、面面俱到，并且理论论证、实验数据交织而成的周密的学术专著。

总的来说，本书体例不一、内容不一，与其说是专著，莫如说是合集——一本减法教育主题下的合集。我曾想过，要不要等时间充裕了，好好修订以后再出版，或者像《致教师》那样，完全以随笔的口吻，专门为天下父母写一本《致父母》，与他们探讨减法教育背景下家庭何为、父母何为，分享我对减法教育的浅见，或者纯粹按照学术专著的要求，规范地写一本供教育职业共同体成员批评的减法教育理论著作、社会科学著作。我的那位好友看了书稿以后建议我尽快出版，他说："教育虽然是慢的艺术，但是教育改革很迫切，社会的教育焦虑亟须化解，思路决定出路，理念决定行动，我们不能等。"

所以，如今这两个可能会实现的想法只能作为遗憾，留待今后去完成了。这位朋友认为我多虑了，认为我的这些执念都是一个教授、博导的习惯性思维，怀疑我低估了各类读者穿越角色的理解力，认为教育的减法这个似乎只有教育政策制定者才会关注的问题，社会各界和父母也是关心的，甚至是更为关心的，他们会由此思考自己的孩子在学制面前，何减何从，他们甚至有比教育政策制定者更方便、更快捷的做法，解决自己的孩子在这方面的问题。

这位以"文章合为时而著"，认为教育家应该为大众写作，鼓励我、督促我的朋友说，撇开读者天然会有的角色穿越不谈，各类读者对文凭的减法、学制的减法这样的问题应该都是有共鸣的，不同的读者会从不同的角度、不同的需求，思考文凭减法与他们自身和其他个体之间的关系，寻求个体层面的解决方案。

但愿他说的都是对的。聊以自慰的是，作为一个教育工作者，我就减法教育这个时代命题，提交了一本抛砖引玉的破题之作，无论如何都算尽到了本分。

感谢这位不断督促我写作这本小书的朋友，也感谢所有阅读这本书的朋友。一本书，就是一粒种子。如果这粒种子在每个读者的心中开花，长出一棵棵树来，教育的春天也就到来了。

朱永新

2022 年 5 月国际家庭日写于北京滴石斋

2022 年 11 月 13 日定稿于北京滴石斋

第一章

今天，我们为什么要讨论教育的减法？

今天，我们为什么要讨论教育的减法？

简单地回答：尊重生命，追求幸福，珍惜人之为人的机会。

1. 请把教育的减法与生命的意义联系在一起

如果我问父母：你尊重孩子的生命吗？你珍惜孩子作为独立个体，一生仅有一次的人之为人的机会吗？我相信，所有父母都会给出肯定的答案。但是，如果我问父母：你愿不愿意让孩子少做题多睡觉，少参加培训班多去户外捉蝴蝶呢？答案就很难说了。

为什么呢？

归根结底，在于我们没有把教育的减法与生命的意义联系在一起。在我以《教育的减法》为题写作这本小书的时候，我想，我应该先从生命哲学的角度，把教育的减法与生命的意义联系在一起。

生命本身的意义是什么？生活本身的目的是什么？我希望我们从这个角度谈论教育的减法与减法的教育，而不是一个简单的功利主义的取舍。不管对谁来说，人之为人的机会只有一次。一旦你开展了人生的旅程，就会发现，你一生的质量可以用长宽高三个维度的相乘来看，其实你所要做的是让自己的长宽高变好，而不是在比较当中超越别人的长宽高。你只能在个体有限的生命空间里去做选择，那就是做一个更好的自己或者是最好的自己，这是整个生命最大的意义，也就是活出自己来。①

现在很多父母最大的问题是，他们要自己的孩子活成他们理想中的模样，或者说活成"邻居家的孩子"的模样；他们要孩子实现自己曾经没有实现的梦想，成为自己的骄傲和荣耀。

---

① 朱永新：《拓展生命长宽高：新生命教育论纲》，商务印书馆，2022 年 5 月版。

大家看 2022 年北京冬奥会上的"谷爱凌热"①。谷爱凌在中国的热，本质上是一个教育问题，不是一个体育问题，很多父母在她身上看到的是功利主义的成功，而不是生命的意义，不是每一个生命如何焕发与生俱来的色彩。

有人问我，如果谷爱凌在中国接受基础教育，她还会不会成为今天的谷爱凌？我觉得这个问题，仅仅拿来问中国人是不公平的，这个问题也可以用来问美国人、欧洲人，问全世界的虎爸、虎妈、虎学校、虎老师。大家放在中国基础教育的语境下追问我们自己，是因为我们的基础教育中功利主义的成分过重，对生命意义的追寻过轻，从老师到父母再到全社会，都过于看重成功，教育成了父母心目中通往成功的桥梁。

20 多年来，很多人问我，为什么要发起新教育实验？我说，要让学生、教师和父母都能够"过一种幸福完整的教育生活"。人家又问我，什么是幸福完整的教育生活？我回答他们，首先，教育应该是幸福的，应该让师生和父母都能够享受教育

① 谷爱凌，2003 年 9 月 3 日出生于美国加利福尼亚州旧金山，昵称"青蛙公主"。2022 年北京冬奥会上获得自由式滑雪女子大跳台金牌、女子自由式滑雪坡面障碍技巧银牌和自由式滑雪女子 U 型场地技巧金牌。她喜欢跑步、打篮球、弹钢琴、滑雪等，是一位兴趣广泛的"学霸"。

的幸福，让学生享受学习的愉悦、智慧的挑战和成长的快乐，让教师享受职业的尊严与教学的乐趣。其次，教育应该是完整的，是身心灵的完整的统一。教育应该培养完整的人，让每个学生都成为最好的自己。同时，受教育的每一天都是我们生命中不可分割的一天，我们在学校读书，既是受教育，也是过生活，教育与生活这两者是不可分离的，要完整地结合在一起，千万不能把今天接受教育理解成明天过上幸福生活的手段，教育生活的目的应该是幸福，而不是其他。①

2. 我们对子女的期待不应该是群体世俗意义上的成功

把成功当作生活的目标，把教育当作手段，是我们对教育生活方向性的误解。

回头看我们的历史，我们对成功的理解，在很大程度上是世俗化的，是通过权力、财富化解身份的焦虑，而不是追求生命本身的意义，不是你过得幸不幸福。我们读《史记》，你看秦始皇出游的时候，威震四海，气势恢宏，刘邦说"大

---

① 朱永新：《新教育实验二十年：回顾、总结与展望》，载于《华东师范大学学报》（教育科学版），2021 年第 11 期。

丈夫当如此也"，项羽说"彼可取而代也"，本质上讲的都是身份的比较。我们先不讨论史书记载的是不是真的，它记载的是刘邦、项羽心目中生命的意义，它也鼓舞着后人用这样的思维方式衡量生命的意义，一遍又一遍地重复"王侯将相宁有种乎"。我们不能说刘邦、项羽在那个时代说这样的话有什么错，但我们不能用他们那个时代的志向，用"燕雀安知鸿鹄之志"激励今天的孩子。这不是我们今天的教育者应该做的事，我们先不说拿历史上穿越千年的帝王做比较，拿精英中的精英、英雄中的英雄进行对比对不对、妥不妥，为人父母在我们今天这个时代对子女的期待不应该秉承这样的思维，今天我们对子女的期待不应该是群体世俗意义上的成功，而是个体生命意义上的幸福。

我觉得，对孩子有所期待的父母都应该扪心自问：过去几十年，你希望自己做到的事情，有多少真的做到了？你可能每年都喊"我要减肥""我要减重"，你再看看结果是怎样的。你能保持住体重不增加就不错了。

我认为，多数情况下，父母把对孩子的期待当成了事实，这是不正常的。少数父母的期待会成功，但大多数不会。这是一个规律。不用做什么大数据测算，你凭经验看看周围的亲朋好友就能发现这个规律。多数父母都会说孩子不够勤奋，学习自觉性不够，认为应该督促孩子变得更勤奋，约束孩子变得更自觉，这个话有没有错呢？也没错。可是，我们忽视了一点，让孩子变得勤奋、变得自觉本身就是一件非常困难的事。先不说孩子，我们每个人肯定都希望自己更勤奋，希望自己更自觉，但是我们实现了多少呢？比如，很多父亲说"酒要少喝"，前头刚说完后头又喝多了；很多母亲说"要少玩手机"，昨天刚说完今天又刷抖音到半夜。

3. 把对孩子的期待当作事实，会让教育苦大仇深

把对孩子的期待当作事实，会让很多人变成不幸福的人，会让很多孩子的教育生活很不幸福、苦大仇深。

的确，有少数俗称"精英分子"的父母，曾经在受到精英主义的教育后，成了社会精英。反过来，他们也希望如法炮制，让自己的孩子接受精英主义教育，继续成长为社会精英。但只有一小部分父母勉强成功了。精英父母更容易让孩子接受精英教育成长为社会精英，这也是教育规律。但是，这个规律是就概率而言的，不能放之四海而皆准。我们暂且

不说孩子的教育生活是否完整、是否幸福，仅仅就世俗意义上的成功而言，精英父母的孩子接受过精英主义教育，不代表他就能成为社会精英。如果这个孩子接受了精英教育，并且立志成为社会精英，但最终这个目标没能实现，会怎么样？会陷入焦虑，无休无止。这样的孩子，这样的家庭，我见过不止一个两个。

这些年来，不管什么样的家庭出身，孩子读书苦的时候多、乐的时候少，大家有没有想过这是为什么。简单地说，是大家都信奉"吃得苦中苦，方为人上人"，都有意无意地忽略了幸福本身的意义。

2021 年底，我在商务印书馆出版了一本《大教育家：世界 100 位著名教育家画传》，我的文字，薛晓源先生的画。有人问我，这 100 位古往今来的世界级著名教育家中，为什么会有亚里士多德？我说，就凭他能在那个时代提出幸福是人生的目的，他就担得起世界级教育家这个称号。

我的朋友，苏州大学法学院原院长、山东大学一级教授杨海坤先生，十几年前，带一群苏州大学法学院博士生去浙江大学交流。当时的浙大副校长兼法学院院长胡建淼教授把他们所有的硕士生和博士生找来，法学院的教授们坐了一排，然后让杨老师讲话。杨老师左看看没吭声，右看看也没说话，头不断地在教室里面转，看着大家眉头有点皱，好久之后他突然说了一句："你们年纪轻轻的，怎么看上去沧桑得很，搞得像苦行僧，穿衣打扮也不讲究，有的头发都白了，好像不怎么快乐？"杨老师接着说："读研究生，读博士，读书的目的是啥？如果你们读书的生活不美好，日子过得不幸福，读书干什么？"

当时，胡建淼副校长坐在旁边，半天没反应过来，最后说："海坤兄，哈哈哈……"然后，其他的学生、教授突然醒悟过来，给杨老师鼓掌，热烈地鼓掌。很多年以后，当时在场的朋友给我说起那个场景，还很兴奋，很感慨。

我能理解杨老师真正的关注点是什么。他是法学家不是教育家，但是他把教育生活的目的理解为幸福是对的。如果不能够享受学习、享受教育、享受生活，我们接受教育又有什么意义呢？

4. 我们的教育生活不幸福，是因为我们的加法太多

我们的教育生活不幸福，是因为我们的加法太多。内容

的加法，学制的加法，还有文凭的加法，让今天的学生不堪重负，严重内卷。

我相信，父母爱孩子胜过爱自己。但是，我们对孩子的爱，忽略了生命本身的意义，忽略了生命的减法，陷入了加法教育的"军备竞赛"。

人生的减法，是中国哲学中很重要的一面。

你看《红楼梦》，贾宝玉最后为什么出家？为什么没有中进士，当状元，穿红袍，光宗耀祖，重振门庭？曹雪芹这样安排，当然有他的哲学思考。在我看来，这就是人生的减法，回到生命本身的意义，这就是减法思维。

印度民族解放运动的领导人甘地，也是一位做减法的高手。他曾经写过"把自己降为零"的诗句，他节衣缩食数十年，离世的时候，身边只有一副圆框眼镜、一个铁饭碗、一双人字拖等，总共不到10件物品。英国学者曾经评论说："甘地的人生是一种真正有意义的人生，对精要事务的专注能力和对非精要事务的决绝摒弃是他成功的关键。"①

人生的终极目标是什么？亚里士多德曾经说过，幸福是

---

① ［英］格雷戈·麦吉沃恩著，邵信芳译：《精要主义》，浙江人民出版社，2016年版，中文版序，第5页。

人类的最高目标。①我认同这个观点，我们新教育的理念就是
"过一种幸福完整的教育生活"，核心就是"幸福"这两个字。
如果今天的教育生活不幸福，未来的日常生活如何幸福？

5. 中国哲学经常强调减法思维

　　我不是哲学家，但我理解的中国哲学，无论是儒家、道
家、佛家，在很大程度上强调的都是幸福这样的终极目标，
只不过大家抵达幸福的路径不一样。可是，你仔细观察，或
多或少，强调的减法思维是相似的。

　　道家对减法思维的强调是最直接的。《道德经》第十二章
说道："五色令人目盲，五音令人耳聋，五味令人口爽，驰骋
畋猎令人心发狂，难得之货令人行妨。"这是在批评贪得无厌
的加法思维让人迷失自我、丧失道德。因此，道家倡导"为
学日益，为道日损。损之又损，以至于无为"②的减法。

---

① 亚里士多德说，"幸福是灵魂的一种合于完满德行的实现活动"，幸福的人
　　"在一生中都合乎完满的德行地活动着，并且充分地享有外在善……一定要
　　这样地生活下去，直至这样地死去"。引自［古希腊］亚里士多德著，廖申
　　白译注：《尼各马可伦理学》，商务印书馆，2003 年版，第 29 页、第 32 页。
② 《道德经》，第四十八章。

儒家虽有齐家、治国、平天下的入世加法，但也看重人生的减法。中国古代最杰出的教育家孔子是怎么表扬他最喜欢的学生颜回的？他说："一箪食，一瓢饮，在陋巷，人不堪其忧，回也不改其乐。贤哉，回也！"[①] 你看，颜回的人生追求是什么？每天一竹笼饭，一瓢冷水，住在破败的小巷子里，一般人忍受不了这种清贫，颜回无所谓，安贫乐道得很，根本就不会改变他好学的乐趣。从追求生命的意义的角度看，颜回在做人生的加法，从世俗意义的成功的角度看，颜回在做减法。孔子表扬他，表明孔子也认同这样的减法思维。

佛家也有减法思维。有人说，佛法就是减法，我觉得有点道理。佛家谈空，谈因果，谈修行，谈戒定慧，谈慈悲，谈来谈去，说的还是我们与世界的关系，以及如何减少冤业烦恼、消除祸患。佛家认为，断执念、消业的减法完成之后，清净无染的"自性本心"才会自然显现。

佛教和道教可能更多是直接的减法思维，儒家则是一种间接的减法思维，但是总的来说，都还是能够看清楚人生最根本的方向和目标，我觉得这是特别重要的。也就是说，追

---

① 《论语·雍也篇》。

求成功和追求幸福本身不是不可以统一的，但是不能把它们等同起来，我觉得，这个可能是我们人生中一个比较大的问题。

你看贪腐官员忏悔录，所有高官的忏悔录无一例外，都会谈到自己各种欲望的膨胀，最后都是说："早知道，我就做个普普通通的人，也比现在好。"很多孩子出了问题后，父母也都在懊悔，早知如今何必当初？其实，大家真正想清楚的时候，都会豁然开朗。

我曾经在中央电视台《开讲啦》的节目里讲过一对学霸父母[①]，他们不能接受自己的孩子成绩不好。后来，他们想开了，孩子跟人相处得那么好、那么开心，你何必再去给他增添烦恼，他天生就不是学习的料，你硬要逼着他去学习，其实没有必要。做一个厨艺家，未尝不是人生一个很好的选择。人生也是这样，每个人的路可能都不一样，你要走别人的路，到最后你可能就走错了路。

有一位年纪轻轻就两次获得国家自然科学奖的科学家，

---

① 参见中央电视台 2020 年 8 月 29 日专题节目《开讲啦》"停课不停教，停课不停学"，央视网 https://tv.cctv.com/2020/08/29/VIDEAkuVf7WJERgba8U8whC 2200829.shtml。

在儿子 10 岁左右的时候，就带着他背诵苏轼的《赤壁赋》，目的是希望孩子长大了，能把人生的减法看清楚。苏轼在《赤壁赋》里面讲，"惟江上之清风，与山间之明月，耳得之而为声，目遇之而成色，取之无禁，用之不竭，是造物者之无尽藏也"，他说世界上所有东西"苟非吾之所有，虽一毫而莫取"。

这是中国哲学伟大的地方，提醒我们不要贪恋过多的东西，提醒我们从宇宙当中、从生活当中、从生命当中，体现有和无、多和少、富和贫。

苏轼的弟弟苏辙给哥哥写信，劝他不要那么忙，笑言长寿的秘诀是清闲，得一日休闲如获两日寿辰。你看《菜根谭》也讲，如果你终身忙碌不堪，纵有百岁亦为夭，你就是获得百年的寿辰，也是夭折。

《菜根谭》也直接谈到人生的减法："人生减省一分，便超脱了一分，如交游减，便免纷扰，言语减，便寡愆尤，思虑减则精神不耗，聪明减则混沌可完。彼不求日减而求日增者，真桎梏此生哉。"认为人生如果不做减法，反而千方百计去做加法，那就等于是用枷锁把自己的手脚锁住了。

有人说，这样的中国哲学太消极，我觉得这不是消极，这是一种生命精神，是一种生存智慧。

北京大学朱良志教授研究中国艺术的生命精神，他选择了生命结构、生命时间、生命基础、生命符号四个问题，逐一剖析中国文化和哲学影响艺术生命精神的内在逻辑点。最终结论是，中国哲学可以说是一种生命哲学，以生命为宇宙间的最高真实。中国艺术的生命精神，就是一种以生命为本体、为最高真实的精神。[①]我们新教育这几年一直在开发新生命课程，有人问我们为什么如此重视其他学校没有的这门生命教育课程，最简单的回答是：如果生命都没有了，还谈什么生命意义？

---

① 朱良志：《中国艺术的生命精神》，安徽教育出版社，2006 年修订版。

第二章

人生的减法：如何防止越活越累？

2021年夏天，这位劝我为父母写一本关于"教育的减法"的小册子的朋友，给我寄来一本名叫《减法》的书。这是一本很有意思的书。作者莱迪·克洛茨是美国弗吉尼亚大学副教授，也是"减法"的提出者和倡导者，其关于"减法"的研究成果作为封面文章发表在了国际著名学术期刊《自然》上。在《减法》这本书中，他详细探讨了人们喜欢做加法的深层原因，并提供了一套减法思维法则。

这本书的核心论点其实很简单。它看起来是一本书，实际上没多少篇幅，没多少文字，翻来覆去说的无非是减法的根本主张——"少即是多"。"减"是一个行动，"少"是一种状态。减法是通过"减"来实现"少"的过程，但这与"少做事"或者"不做事"是完全不同的。少做事或者不做事，是消极地对待生活，是懒政。事实上，要实现"少"，往往要做更多或者想更多。也就是说，真正的减法，是主动地、积极地去实现"少"的过程。因此，他坚持认为，减法不是"极简主义"，也不是尊奉"闲适之道"，而是要通过减法改善我们的生活品质，提高我们的工作效率，这是减法思维的第一要点。①

虽然这本书没有超出我们的生活经验，但是我觉得这本书对父母、教育工作者和教育政策制定者思考教育减法会启发良多。

1. 我们为什么越活越累？

《减法》这本书的第四章有一个小标题叫"我们为什么越活越累"，引起了我的共鸣。为什么我们这代人的物质生活比我们的前辈不知道要好多少倍，但是我们的幸福感可能远远比不上他们呢？

表面上看，原因固然很多，比如紧张忙碌的生活、焦虑

---

① ［美］莱迪·克洛茨著，杨占译：《减法》，中信出版集团，2021 年 8 月版，前言。

烦恼的心态。实际上，是加法思维惹的祸。

克洛茨认为，忽略减法而习惯加法，有着非常深刻的先天因素，有着深厚的历史文化背景，从一定意义上讲，做加法是人类的本能。在物资匮乏的时代，无论是展示自身能力的本性，还是天生获取物品的本能，抑或是感知相对数量的本能，追求"更多"的加法才能让人们获得安全感。人类文明就是在追求"多"的过程中发展起来的，"加法定义了最早的文明"。这样的加法，在人类早期应对生存危机的时候是非常必要的。但是到了当代社会，物质产品极为丰富，社会生活高度紧张，工作节奏大大加快，人们如果继续做加法，就会疲于奔命、不知所措。

克洛茨引用了一位美国记者发表在《纽约时报》上的一篇文章说，21世纪的美国人都说自己很忙，"很明显，这种话表面是抱怨，实则是炫耀"①。也就是说，很多人对忙碌已经完全麻木了、习惯了、适应了，我们用精致的时间安排表把每天的生活安排得满满当当，甚至精确到每个小时、每分钟，我们成为时间的奴隶，以至于我们没有时间思考，没有时间

---

① ［美］莱迪·克洛茨著，杨占译：《减法》，中信出版集团，2021年8月版，第87页。

做自己喜欢的事情。在拥有闲暇时间这一点上，我们真的比不上中世纪的农民。我们的孩子从进入学校开始，就已经成为"被安排"的人，上什么课程，学什么内容，都规定得清清楚楚，没有时间学习自己喜欢的东西，做自己喜欢的事情。所有的人，都在忙碌中失去了自我。所以，减法，要从家庭开始，要从学校教育开始，从校园开始。

这个时候，如果不做减法、不做改变，就会"错失许多让生活更充实、机构运作更高效、地球更宜居的途径"。克洛茨认为，这个时候就更加需要减法思维，因为减法涉及我们的生活、工作乃至人生是否幸福，也涉及人类社会和生存环境是否健康安全。

为了验证人们的加法思维惯性之假设，克洛茨做了一系列很有意思的实验。

其中一个是关于乐高积木的实验。研究人员给参与者一个用 8 块或者 10 块积木组成的结构，以及更多散落在边上的积木，要求他们对结构进行改造和调整。结果发现，只有 12% 的参与者用了减法，而 88% 的参与者都是增加了积木数量。

另一个很有意思的实验，是让参与者修改一篇文章，结果，增加补充内容的人数是删减内容的人数的 3 倍之多。

还有一个实验是让参与者改变含有 5 种食材的汤的配料，最后，在 90 名参与者中，只有 2 人减少了食材的种类，其余参与者都是增加了各种食材。

克洛茨认为，人们喜欢加法不仅仅有历史文化的因素，也有体系制度的因素，"毕竟，资本主义以及资本积累显著的本质特征就是做加法"[①]，生产者无法通过做减法来获得发展并受益。所以，在历史文化和现实体系的双重驱动下，加法自然成为人们行动的第一选择。

2. 孩子为什么越学越累？

由我们为什么越活越累，联想到孩子为什么越学越累。

对此，我说过两个问题：一个是学制的加法，另一个是内容的加法。学制太长，内容也太多。

在 100 多年前，从未有任何一个国家的孩子有现在这样漫长的学习时间。一个孩子，3 周岁进幼儿园，6 岁开始接受

---

① ［美］莱迪·克洛茨著，杨占译：《减法》，中信出版集团，2021 年 8 月版，第 104 页。

义务教育，12 岁小学毕业进入初中，15 岁初中毕业进入高中或者职业中学，18 岁高中毕业进入大学或者职业院校，22 岁本科毕业。如果是学习医学、建筑学等专业，一般 23 岁毕业；如果读硕士学位，一般 25 岁左右毕业；如果读博士，一般 28 岁到 30 岁毕业。还有一些人继续做博士后研究，那就应该到 33 岁左右。按照 60 岁退休计算，一个人一生的工作时间只剩下 30 年左右。

对于中国的学生而言，学习时间的漫长还有另外一个方面，那就是每天的学习时间也远远超过国外发达国家学生的平均水平。PISA（国际学生评估项目）数据显示[①]，中国上海的学生平均每周课外学习的时间为 13.8 小时，位列全球第一，加上校外辅导和私人家教，每周校外学习的时间达 17 小时左右，远高于经济合作与发展组织（OECD）国家的平均值 7.8 小时（见图 2-1）。港澳台地区约为上海的一半，日本仅为上海的 1/3。

----

① PISA，是经济合作与发展组织进行的 15 岁学生阅读、数学、科学能力评价研究项目。从 2000 年开始，每 3 年进行一次测评。2009 年的主要领域是阅读，包括美国、英国、日本、巴西、中国香港地区在内的 65 个国家和地区的学生参加了测评，上海是中国内地第一个正式参加该项目的地区。

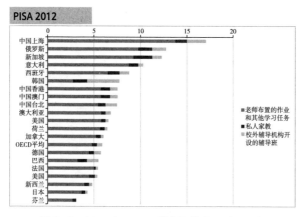

图2-1 2012年PISA学生课外学习时间调查

孩子们越学越累的另一个现实原因是，内容太多，多到很多学生觉得无聊。

最近，我看到一本旗帜鲜明地反对现代教育的英文书，书名就叫《反对教育的理由：为什么教育体系是在浪费时间和金钱》（*The Case Against Education: Why the Education System Is a Waste of Time and Money*）[①]。你一看书名，就明白作者为什么反对教育。这本书的作者是美国乔治梅森大学经济学教授布赖恩·卡普兰博士。

这本书中，讲到一个很有意思的美国"高中学生参与度

---

① Bryan Caplan. *The Case Against Education: Why the Education System Is a Waste of Time and Money*. Princeton University Press，2019.

调查"（High School Survey of Student Engagement）。66% 的高中生说，他们每天上课都很无聊；17% 的高中生说，他们每天上每节课都很无聊；只有2% 的学生声称他们在课堂上从来没有感到过无聊。为什么这么无聊？82% 的学生说学习内容没有意思，41% 的学生说这些内容与他们毫无关系。

作为经济学家，卡普兰在这本书中用精算证明，美国教育体系教了太多的内容，浪费了大量的时间和金钱。为此，他强烈建议：把课程的内容大大缩减。

3. 幸福人生需要做减法

《反对教育的理由：为什么教育体系是在浪费时间和金钱》这本书，我在本书后面的章节也会接着说，这里，我们还是先回到《减法》这本书。

当然，《减法》这本书的出发点不是谈教育，它谈的是人生。

《减法》的作者相信，幸福的人生需要做减法，因为加法的选择未必就是最优选择。在很多情况下，减法会有更好的结果，克洛茨列举了没有脚踏板的平衡车、空心砖、耐克气垫鞋等通过减法取得的"与众不同却又给人惊喜的设计",说明减法在我们的生活中是可以大有作为的。所以,关键是克服加法的思维定式,形成减法的思维习惯,这样就会拥有与众不同的创造,拥有更多选择的自由。他特别指出,"一定的提示能让我们更容易想到减法",也就是说,加法是不需要提示的,人们往往习以为常地就会用加法。但是,减法是需要提示的,一旦人们自觉地采用减法,可能就会创造惊喜,就会有更多的可能性。[①]也就是说,做加法,几乎是我们的本能、我们的习惯,无须任何提示和努力。做减法,却是抵抗本能和习惯的过程,需要提醒和意志的努力,一直到我们把减法变成自觉的信念和习惯。

对于一个复杂的系统来说,做减法往往更加困难。克洛茨为我们开出了一个做减法的基本"清单"。第一步是在改进系统前删减细节;第二步是先做减法;第三步是坚持让"少"看得见,实现质的飞跃;第四步是重复利用删除的内容。

他以甜甜圈的发明为例,说明了做减法经常会让我们有意外的惊喜。1847年,美国缅因州一个名叫汉森·格雷戈的少

---

① [美]莱迪·克洛茨著,杨占译:《减法》,中信出版集团,2021年8月版,第104页。

年发现油炸面团的中间部分经常半生不熟，因此用叉子去掉了中间的部分。结果，不仅仅甜甜圈更加可口，中间的面团也得到了利用，甜甜圈和甜甜球都成为受人们热烈欢迎的食品。因此，在做减法的时候，要尽可能多地减掉一些，让"少"凸显出来，就能够实现质的变化，把减法的优势发挥到极致。著名演员陈数介绍说，她曾经有两年的时间主动拒绝了很多影视剧的拍摄邀约，那段时间是她人生中最从容、最惬意的时光，她不需要频繁地看手表、赶时间，而是可以整天读书，和朋友一起看话剧、舞剧、音乐剧，喝茶聊天，练习瑜伽，远足等，拥有了一段难忘的、轻盈的生活。这应该也是她的一次"意外的惊喜"，她说，她做的是"物质的减法，精神的加法"①。

在《减法》的后记部分，克洛茨总结了运用减法的四条原则，第一条就是"思维反转：用加法前先尝试用减法"。因为绝大多数人的思维方式是加法思维，所以需要反其道而行之，在运用加法前先尝试用减法。用加法，你可能得到的是与别人一样的结果；用减法，你可能得到的是一个与众不同的新的世界。

---

① ［日］山下英子著，贾耀平译：《断舍离》，湖南文艺出版社，2019年版，推荐序一，第3页。

当然，由于减法思维属于少数人的选择，有悖于常人的思路与经验，可能也更难以得到别人的理解和支持，尤其是得不到客户和领导的理解和支持，甚至会被认为是不思进取、偷工减料或者懒政。克洛茨建议，这个时候，不妨对减法进行"乔装打扮"，不直接使用"减法"这样的字眼，而改成"清理""切割""揭开""重构"等字眼加以表达。真理有时候在少数人手中，关键是你能够运用减法把事情做好，既节约了成本，又创造了价值，慢慢地大家就能够看到减法的魅力，就能够习惯减法的思维。一句话总结就是，在处理问题时，我们要有减法优先的思维习惯，同时用合适的方法让别人理解和接受减法的选择。

第二条运用减法的原则就是"拓展：既考虑加法，也考虑减法"。克洛茨在书中多次提到林璎的故事。林璎是著名的美籍华裔建筑师，她是林徽因的侄女，祖籍福建省闽侯县。林璎因为设计越南战争纪念碑而声名鹊起。越南战争纪念碑邻近华盛顿纪念碑和林肯纪念堂，由黑色花岗岩砌成的长 500 英尺[①]的 V 字形碑体构成，以纪念越南战争时服役于越南而战

---

① 1 英尺约等于 0.3 米。——编者注

死的美国士兵和将官。黑色花岗岩墙上依每个人战死的日期为序，刻画着美军 1959—1975 年在越南战争中阵亡的 57 000 多名士兵的名字。林璎在谈到自己的设计理念时说："我认为越战纪念碑不应是大地上增加的东西，而应是战争为大地留下的一道伤痕。"因此，她没有采用高耸入云的纪念碑的形式，而是把纪念碑"植入"地下。从地上移去一片土地，再去做加法，就是把减法与加法有机地结合起来的做法。作为一名在校学生，她的方案能够从 1 400 多份设计方案中脱颖而出，靠的就是这样的减法思维。因此，第二条拓展的原则，就是在不排斥加法的同时，也要努力尝试减法，把加法与减法有机地整合在一起，这样突破单一的加法思维，往往会像林璎设计的纪念碑一样，有出其不意、超凡脱俗的效果。①

4. 教给学生一生有用的东西

翻阅《减法》，我不断想到教育的减法。作者说到如何做减法的时候，谈到运用减法的第三条原则——"提炼：把关注

---

① ［美］莱迪·克洛茨著，杨占译：《减法》，中信出版集团，2021 年 8 月版，第 208 页。

点放在人的身上"。这让我想到20年前，新教育实验里提出的"教给学生一生有用的东西"。如果我们把教育的重点放在学生身上，我们就要删减学习内容，教给学生一生有用的东西。

过去，我们新教育实验倡导"十大行动"，其中之一是"推进每月一事"。有的人不理解，为什么要"推进每月一事"？我说，教给学生一生有用的东西，培养一生有用的12个好习惯。推进每月一事，是根据学生的身心发展特点，以及学校与社会生活的节律，每月开展一个主题活动，通过主题阅读、主题实践、成果展示与评价等方式，实施不同的主题内容，着力培养学生良好的行为习惯，包括读书的习惯、思考的习惯、遵守规则的习惯、做事情有计划的习惯、锻炼身体的习惯、感恩的习惯等。根据心理学习惯养成的规律，新教育通过每月重点培养一个好习惯的方式，在整个中小学阶段螺旋式训练，以帮助学生养成一生受益的习惯。

推进每月一事，容不容易？关键在于教师是不是发自肺腑地把学生放在心头，就像《减法》讲到的通过减法把自行车改造成平衡车的那个发明者。这个发明者把自己对平衡车的贡献归结为他的"双重身份"：首先是父亲，其次是赛车手。"作为父亲，我想帮助儿子成功；作为赛车手，我想为他造一辆更好的自行车。"他一直在研究，两岁的孩子有没有足够的力量来驱动平衡，这是他发明平衡车最重要的动力。把关注点聚焦到人的身上，不仅意味着要关注人的需要，而且要注意能够激发人的满足感和喜悦心。

作为一个父亲、母亲、老师，我们在为孩子、学生制定学习目标、报学习班、买参考书、布置作业的时候，我们有没有考虑过他们的满足感与喜悦心？有没有想过通过减法让他们获得喜悦、点燃快乐？扪心自问，大多数人其实并不是从孩子的需要出发的，而是从自我出发的。

《减法》一书中专门有一节"减至激发出喜悦为止"，讲述了日本收纳专家近藤麻理惠的故事。近藤是《怦然心动的人生整理魔法》一书的作者，她在书中有一句减法的名言："要找到我们真正需要的，最好的办法就是把那些我们不需要的扔掉。"她强调，把东西留下和扔掉是两种互相补充的整理办法。那么，留下什么，扔掉什么呢？近藤也有一个非常重要的建议："对物理空间进行整理，可以让你更接近自己的心理空间。"也就是说，她主张留下那些能够"点燃快乐"的东西，其他的东西统统可以扔掉。如果一个物品不能够让我们快乐，就没有保留的价值了。如果用这样的思维方式研究我们的教育应该留下些什么、丢掉些什么、增加些什么，其实也是不难解决的问题了。

过去，我在讲述"教给学生一生有用的东西"时，总在提醒大家抓本质。如何穿越复杂的表象，抓住本质，去除细枝末节，删减细节信息，是教育者面对孩子的时候需要反复自省的。在《减法》这本书中，作者用自己参加力学考试的故事，讲述了这个道理，我看了心有戚戚焉。作为物理学的重要分支，力学涉及静止与运动中的物体。由于克洛茨的学科基础相对薄弱，他决定放弃死记硬背"几十个方程和切线的相关概念"，因为这些方程和概念只会在他的头脑中做加法。所以，他重点抓住"$\sum F=ma$"（牛顿第二运动定律）这个基本公式，清理其他无关紧要的概念，最后顺利通过了力学考试。删减不需要的物品，留下快乐的记忆；删减不需要的细节，积累人生的智慧。这是面对复杂的世界，让我们能够拥有简单轻松的生活的重要方法。

5. 教育的减法，贵在坚持

人生需要做减法，这个道理，很多父母一看就懂，很多老师，一看就欣赏。然而，能否接受自己的孩子、学生做减法，就是另一回事了。即便接受了，能不能坚持？我希望这本书能够引发我们对驾驭减法的更多思考，而不仅仅是一种方法，更应是一种价值观，一种回到幸福人生目的的价值观。

"坚持：坚持做减法"，这是克洛茨关于运用减法的第四条原则，也是全书的最后结论。人生成功的要诀之一就是坚持，减法也不例外。当我们的文化背景和生活习惯都倾向于做加法的时候，只有坚持做减法，才能让减法成为习惯，成为思维方式。书中提到的案例，尤其是布鲁斯·斯普林斯汀和哥斯达黎加的案例也是值得介绍的减法的典型案例。布鲁斯·斯普林斯汀是美国著名的摇滚歌手，被称为"新泽西州的海明威"。《城市边缘的黑暗》是他最著名的唱片专辑。这个专辑本身就是不断做减法的结果。专辑从最初的50首歌削减到10首，他拿掉的一些歌曲后来成为其他歌手的热门单曲。他还把歌词中长的单词替换为短的单词，同时删除了许多不必要的歌词，专辑中每首歌平均只有225个单词，比他以前的任何一张专辑都要少。在删减歌词的同时，他还减少了音效。正是由于他不断做减法，最终专辑更加符合他的个人特色，他先后进行了115场巡演，售出了数千万张专辑和演出门票。

书中提到的另一个减法的案例是哥斯达黎加的节能减排。哥斯达黎加是一个拥有 500 多万人口的拉丁美洲国家，国土面积只有 51 100 平方公里，也是当今世界上第一个裁撤军队的国家。哥斯达黎加还是第一个宣布禁止使用化石燃料，并且宣布要在 2021 年成为全世界第一个实现碳中和的国家。尽管该国不断将实现碳中和目标的时间推迟，但是它基本做到了所有的电力来自可再生能源，并且全面叫停开采石油。一系列的"减法"，已经使哥斯达黎加成为"世界上公认的最绿色环保的国家"，成为热门的旅游目的地。[①]《减法》一书中其他关于奇普、苏、利奥、埃莉诺等人的故事也有异曲同工之妙。同时，克洛茨再一次谈到对减掉的东西的重复利用问题，就像甜甜圈中间的空洞可以变成甜甜球一样，这也是减法的题中应有之义。

总而言之，最重要的还是坚持。行动就有收获，坚持才有奇迹。做减法，也需要持之以恒的坚持。的确，退一步海阔天空，减一下活得轻松。人生的修行，就是一个从做加法走向做减法的过程。作为成年人，尤其需要做一些真正重要

---

① ［美］莱迪·克洛茨著，杨占译：《减法》，中信出版集团，2021 年 8 月版，第 209 页。

而紧迫的事情，要学会把80%的精力用在20%的最重要的事情上，要学会说"不"——丢掉那些不需要的物品，回绝那些不必要的应酬，谢绝那些不重要的活动。几乎所有的人，都能够从减法生活中发现自由带来的轻松和幸福，同时能够更从容地思考与工作，做自己想做而一直未能够做的事情，心流与创造力就会随之而来。

读《减法》的时候，心里一直想着的是教育。在"双减"的今天，我们的教育如果能真正慢下来，多一点留白，少一点功利，孩子的童年便多一分悠闲，少一分焦虑，距离智慧人生也就更近了一步。我的朋友、儿童教育专家王人平先生说："做加法，仅仅靠堆积就可以完成，而做减法，必须要思考、要选择，因为面临着取舍，所以减法反而是更大的创造。正如毕加索所说，艺术是消除不必要的东西。其实任何好的创造，都是消除多余的部分，让真正的价值得以呈现。养育之道，又何尝不是一个父母不断做减法，看着孩子走向独立的过程呢？"

家庭是如此，学校教育何尝不是如此呢？乃至我们的整个人生，不也是如此吗？我的另一位朋友——翔宇教育集团总校长、新教育基金会理事长卢志文先生知道我在写《教育的减法》后很有同感，他对我说："食物做减法，带来清爽；事物做减法，带来清福；人物做减法，带来清静。"一句话，减法运用在生活之中，就可以带来清爽、清福和清静。我的学生——青岛大学教育系副教授苏静博士也说："当一个人陷入无穷无尽的忙碌中，或许他本真的心已经死了；当一个人总是用'忙'来搪塞拒绝你的邀约，他对你的心也多半已经死了。"因此，"忙"是一个很纠结的字，自我标榜"很忙"且引以为荣的人，多数并不热爱生活本身。而"忙"对应的"闲"字则可爱得多。"闲"是"门内草木生"，是人与自我、与自然的心灵晤对。"气定"方能"神闲"。古人的诗文中，总是对"闲"字情有独钟："闲敲棋子落灯花""偷得浮生半日闲""宠辱不惊，闲看庭前花开花落""一帘风月闲"……古人正是在"闲"中独立思考，在"闲"中清谈思辨，"闲"出了风骨，"闲"出了智慧。

的确，"忙"者，"心之亡"也。在"双减"的今天，教育如果能够真正慢下来，多一点留白，少一点功利，孩子的童年便多一分悠闲，少一分焦虑，距离智慧人生也就更近了一步。我们有必要让孩子们整天在教室里紧张地刷题，学那些一生也派不上多少用场的东西吗？我们有必要让孩子们从三四岁开始就不间断地关在象牙塔里一直学到近 30 岁吗？我们如何运用减法思维，对教育进行流程再造呢？这些，都是"双减"背景下我们需要认真思考的问题。

6. 减法的教育，需要学习

2021 年 4 月 7 日，《减法》一书的作者莱迪·克洛茨和美国弗吉尼亚大学的行为科学家本杰明·康弗斯等人在《自然》杂志上发表了研究报告《人们系统地忽略了减法变化》（People Systematically Overlook Subtractive Changes）[①]。他们发现，让人们做减法——无论是乐高积木、食谱中的用料还是文章中的文字——都需要提醒和奖励。在正常情况下，人们选择做加法。但是，在有提示的情况下，人们会选择做减法。"我们缺少一整套减法解决方案。"

当康弗斯及其同事要求 1 585 名研究参与者解决 8 个可以通过添加或删除一些东西来解决的难题时，他们首先观察

---

① 《人类为什么活得这么累？Nature 论文解开谜底：人总是选择做加法来解决问题》，公众号"iNature"，2022 年 8 月 16 日，参见 https://mp.weixin.qq.com/s/dw99WZkPTAhrHP884F1xpg。

到了加法行为。例如，当要求参与者在一个拼图网格上加上深色方格（加法）或移除深色方格（减法）以使图案对称时，94 名参与者中，73 名加方格，18 名减方格，另外 3 名简单地修改了原始方格数。绝大多数参与者选择了加法而不是减法。

研究人员认为，大多数参与者默认加法是因为他们根本没有考虑减法。因此，通过一系列对照实验，该团队将参与者推向了减法。

在一项实验中，该团队向 197 名大学生每人提供一美元来完成一项任务。研究人员首先让大学生观察一个乐高结构（见图 2-2），其中一个塑料小人站在一个平台上，它身后有一根方形大柱子。在那根柱子上，一个角落里的小区域支撑着一个屋顶。研究人员要求大学生用移动支柱的办法固定屋顶，以避免压扁塑料小人。其中大约一半的大学生被告知："你添加的每个支柱都需要 10 美分。"即使需要付出成本，98 名参与者中也只有 40 人选择拆除破坏稳定的支柱并将屋顶放在宽柱子的顶部。研究人员给剩下的另一半大学生一个更明确的信息："你添加的每个支柱都需要 10 美分，但移除支柱是免费的。"结果，这个提示促使 99 名参与者中有 60 名移除了支柱。

在其他任务的研究中，也出现了相同的情况。研究团队的另一位学者加布丽埃勒·亚当斯说："当人们试图让事情变得更好时……他们不认为他们可以删除或减少，除非他们以某种方式被提示这样做。"也就是说，减法的思维与方法，是可以通过学习和训练形成并强化的。

在现实生活中，如果我们能够换一种思路看问题，换一种方法解决问题，也许就能够突破加法的惯性思维，用减法来分析并解决难题。

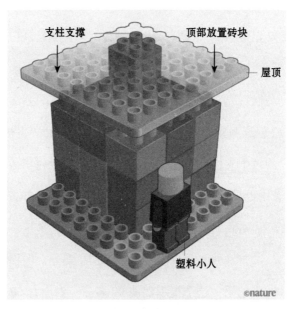

图 2-2　乐高结构

第三章

陶行知的减法："六大解放"

2020 年 9 月 13 日，我有幸当选中国陶行知研究会会长。

一位不从事教育的朋友得知中国陶行知研究会是教育部主管、民政部登记的国家一级社会团体，感到非常惊讶："国家为什么要为一个人设立一个国家级社团？陶行知的教育思想今天还有用吗？"我简单而肯定地回答他："有用，非常有用。"

2021 年 10 月 18 日，是陶行知先生诞辰 130 周年纪念日，我们在南京举行了先生的纪念大会，我还专门去祭拜了位于晓庄学院的先生墓，观看了陈列先生生平事迹的纪念馆，同时，在商务印书馆出版了《生活与教育：朱永新对话陶行知》。我为大家逐条解读了陶行知先生留给我们的经典语录，与先生进行了跨越时空的对话。我认为，这些闪着光的思想，至今仍然有着很强的生命力，对所有被焦虑困扰的父母、教育工作者都有启发意义。

今天，提到教育的减法，许多人会不约而同地想到陶行知先生的"六大解放"。的确，从减法的思维看陶行知的"六大解放"，其实就是教育的六个减法。

1. 如果陶行知还健在，怎么谈"双减"？

2022年5月，民进中央召开了一个以"推进义务教育'双减'工作的经验、挑战与对策建议"为主题的基础教育改革座谈会。在会议上，教育部副部长郑富芝强调，"双减"工作一年来初见成效，但也有一些新的问题，需要保持清醒的头脑，需要进一步巩固"双减"成果，深化改革，防范风险。

在会议上，校长、局长们关心的一个问题就是，"课后三点半"究竟应该干些什么？

这是"双减"背景下父母、老师最关心的问题。如果"课后三点半"全部交给老师，老师的负担就会加重，根据调查统计，现在中小学教师平均每天的工作时间已经严重超负荷，达到近11个小时。如果交给社会教育机构，经费来源与教育质量也得不到保证。

我想，对于这个问题，如果陶行知还健在，他也许会告诉我们：把大自然、大社会还给孩子。

说这个问题之前，我先给不从事教育事业的父母朋友简单介绍一下陶行知先生。

陶行知先生跟胡适先生同年，同为安徽徽州人，同为杜威的学生，同在美国读的博士。1917年，他们俩在哥伦比亚大学还与其他中国同学合了一张影。26岁那年，陶行知先生回国从事教育。陶行知是我国现代著名教育家，先后创办晓庄试验乡村师范、生活教育社、山海工学团、育才学校和社会大学等。在办学过程中，他像武训那样到处寻求支持，像宗教徒那样四方传道讲学，筚路蓝缕，呕心沥血，殚精竭虑，鞠躬尽瘁。他创办的学校为社会培育了大批有用人才，输送了不少革命青年到延安和大别山抗日根据地参加革命，也为新中国教育事业培养了一批骨干力量，据说当年的教育部干部中，有许多都是陶行知先生的学生。1929年，圣约翰大学授予他荣誉科学博士学位，表彰他为中国教育改造事业做出的贡献。遗憾的是，陶行知先生1946年因为过劳去世了，年仅55岁。

陶行知的生活教育思想，是在结合了西方教育思想和中国国情的基础之上的创造，他深信"教育是国家万年根本大计"，提倡教学做合一及小先生制，要求教育与实际结合，为人民大众服务。提出了"生活即教育""社会即学校""教学做合一"三大主张。

陶行知的许多教育名言，如"人生为一大事来""捧着一颗心来，不带半根草去""千教万教教人求真，千学万学学做真人""先生之最大的快乐，是创造出值得自己崇拜的学生""校长是一个学校的灵魂""行动是老子，知识是儿子，创造是孙子"等，言简意赅、脍炙人口，很受一线老师的欢迎。

为了实现儿童的创造性，把学习和创造的自由还给儿童，陶行知提出了著名的"六大解放"：解放儿童的眼睛，使他能看；解放儿童的头脑，使他能想；解放儿童的双手，使他能干；解放儿童的嘴，使他能谈；解放儿童的空间，让他能到大自然、大社会里去取得更丰富的学问；解放儿童的时间，让他学一点自己渴望要学的学问，干一点他自己高兴干的事情。从减法的思维看陶行知的"六大解放"，其实就是教育的六个减法。

2. 解放小孩子的眼睛，把大自然、大社会还给孩子

陶行知认为，传统教育给儿童戴上了一副"有色眼镜"，使他们脱离社会生活实际，只做"两耳不闻窗外事，一心只读圣贤书"之事，结果变成"四体不勤，五谷不分"的书呆子。为此，陶行知强调，不要让儿童"戴上封建的有色眼镜"，而要使他们的眼睛能看事实，要培养儿童观察生活、观察社会的能力，从繁重的"圣贤书"和作业中解放出来。

他曾经用一首《我要看看世界》的儿童诗表达自己的观点：

我是一个大孩，

我要看看世界，

认识世界，

和大家一同来改造世界。

中国是世界上的一块。

如果世界好，

中国不会坏。

要想中国好，世界不可坏。

我们要认识中国，

同时要认识世界；

我们要为世界改造中国，

同时要为中国改造世界。

他翻译的一首题为《打开眼睛看看》的诗这样写道：

打开眼睛看看，

看人怎样干。

苏联真伟大，

个个是好汉。

工人打胜仗，

浑蛋都滚蛋。

自由又平等，

大家吃好饭。

在陶行知看来，解放儿童的眼睛，就是要让儿童走出校园、走出教室、走出家门，去接触真实的大自然、大社会，通过对大自然、大社会的观察和分析，培养他们分析问题和解决问题的能力，而不能整日地让他们围绕着书本和考试做文章。他曾经专门撰文批评"一切跟会考指挥棒转"的错误做法："学生是学会考，教员是教人会考，学校是变了会考筹备处。会考所要的必须教；会考所不要的，不必教，甚而至于必不教。于是唱歌不教了，图画不教了，体操不教了，家事不教了，农艺不教了，工艺不教了，科学的实验不教了，所谓课内课外的活动都不教。所要教的只是书，只是考的书，只是《会考指南》！教育等于读书；读书等于赶考。"[1] 这样做的结果，"是会把肉儿赶跑了，把血色赶跑了，甚至有些是把性命赶跑了"。在落实"双减"任务的当下，在设计下午三点半后的课程时，在做教育的减法时，我们如何把学生的眼睛从教材、教参中解放出来，多走进大自然，看看火热的生活？无疑，陶行知先生的思想和探索，是值得借鉴的。

3. 解放小孩子的头脑，聆听窗外声音

"双减"背景下谈教育的减法，当然不是一减了之，按照

---

[1] 方明主编：《陶行知全集》第3卷，四川教育出版社，2020年版，第129页。

教育部的要求，是应该在做减法的同时"提质增效"。就像我在本书前面提到的克洛茨的《减法》一书中所说的运用减法的第二条原则——"拓展：既考虑加法，也考虑减法"，努力考虑减法，但是不排斥加法，把加法与减法有机地结合在一起。

20多年前，我在苏州发起新教育实验的时候，提出过"六大行动"，后来进化为"十大行动"，其中一个行动是"聆听窗外声音"。回头想，我的思路和克洛茨"既考虑加法，也考虑减法"的原则是一致的，与陶行知"解放小孩子的头脑"也是一致的。

传统的教育把孩子的大脑作为一个容器，把知识不断地往容器里面装，考试的时候再一点点往外拿。这样的教育，无疑是无法培养有创造力的人才的。因此，陶行知先生呼吁要解放小孩子的头脑。他说："儿童的创造力被固有的迷信、成见、曲解、幻想层层裹头布包缠了起来。我们要发展儿童的创造力，先要把儿童的头脑从迷信、成见、曲解、幻想中解放出来。迷信要不得，成见要不得，曲解要不得，幻想更要不得，幻想是反对现实的。"[1]

---

① 方明主编：《陶行知全集》第4卷，四川教育出版社，2020年版，第448页。

陶行知认为，儿童的创造力是被"固有的迷信、成见、曲解、幻想"所扼杀的。先是父母、老师和社会用这样的迷信、成见、曲解等扼杀孩子，不给孩子创造的机会与可能，久而久之，这些迷信、成见、曲解等也成为孩子自己的东西，孩子也就中规中矩，不敢越雷池一步了。

因此，解放儿童的头脑，首先要解放父母的头脑，去除迷信、成见、曲解等，让孩子走进创造的天地，展示创造的才华。

受陶行知的影响，我在新教育实验中提出"聆听窗外声音"。

我当时的想法是，通过开展学校报告会、参加社区活动等形式，充分利用社区教育资源，引导学生热爱生活、关注社会，形成多元价值观。

之所以要"聆听窗外声音"，是因为现在很多学校实行关门教育。如果教师缺乏人生阅历，就难以点燃孩子的人生激情，难以成为孩子心中的榜样。"聆听窗外声音"可以引导师生关心社会，形成多元的价值观；开展"与大师对话"，与大师面对面交流的大型思想碰撞交流会，则可以培养他们创造的激情和欲望。这样，他们才能够看到一个真实的世界，听到真实的声音，寻找到人生和社会发展的本真价值和意义。

4. 解放小孩子的双手，把课后三点半还给孩子

2013 年 4 月 28 日，习近平总书记在参加全国劳模代表座谈会时说过："劳动是财富的源泉，也是幸福的源泉。人世间的美好梦想，只有通过诚实劳动才能实现；发展中的各种难题，只有通过诚实劳动才能破解；生命里的一切辉煌，只有通过诚实劳动才能铸就。"[1]

党的二十大报告明确提出，要"落实立德树人根本任务，培养德智体美劳全面发展的社会主义建设者和接班人"。劳动教育 10 年来第一次写进了党的全国代表大会的报告。

虽然只是一字之差，但释放了一个很重要的信号。过去很长一段时间，劳动教育在我们的大中小学，包括幼儿园里，都消失了，在教育方针里面也不见了。党的二十大报告里让劳动教育回归，就是想通过劳动教育，让学生能够真正地理解劳动的价值并形成正确的劳动观，解决过去学生讨厌劳动、

---

[1] 《习近平在同全国劳动模范代表座谈时的讲话（全文）》，中国政府网，2013 年 4 月 28 日，参见 http://www.gov.cn/ldhd/2013-04/28/content_2393150.htm。

厌恶劳动、鄙视劳动者的问题。很多父母都对孩子说："你不好好学习，今后你就扫垃圾去。"许多家庭把劳动作为惩罚孩子的手段，这些其实都是与劳动教育的理念相违背的。所以，我们要形成劳动最光荣、最崇高、最伟大、最美丽的观念，体会劳动能够创造美好生活，体验劳动不分贵贱，热爱劳动，尊重普通劳动者，培养积极奋斗、创新奉献的劳动精神。具备满足生存发展需要的基本劳动能力，形成良好的劳动习惯。一句话，要培养学生爱劳动、会劳动、尊重别人的劳动。

马克思主义的原理告诉我们，劳动创造了人。但是，在教育领域，手在教育中的作用远远没有受到应有的重视。苏霍姆林斯基曾经说过，儿童的智慧，就在他们的"手指头上"，"双手越是在创造着、做着、改造着什么，智慧就应当越丰富，智力兴趣就应当越深刻、越广泛"。[1]

在传统教育中，孩子们是不屑于动手做事情、动手劳作的。针对这一情况，陶行知先生明确指出要解放小孩子的双手。"人类自从腰骨竖起，前脚变成一双可以自由活动的手，进步便一天千里，超越一切动物。自从这个划时代的解放以

---

[1] 蔡汀等主编：《苏霍姆林斯基选集》第 2 卷，教育科学出版社，2001 年版，第 633 页。

后，人类乃能创造工具、武器、文字，并用以从事于更高之创造。假使人类把双手束缚起来，就不能执行头脑的命令。我们要在头脑指挥之下用手使用机器制造，使用武器打仗，使用仪器从事发明。中国对于小孩子一直是不许动手，动手要打手心，往往因此摧残了儿童的创造力。"[1]

陶行知批评我们的传统教育是一个"劳心者治人，劳力者治于人"的理念，把孩子们的双手禁锢起来、束缚起来，不让孩子们动手劳作和创造，结果扼杀了他们的创造才华，也使我们的教育远离现实生活，使孩子们成为只会考试的机器。因此，在解放孩子的头脑的时候，还要解放他们的双手，让他们用自己的双手去制作、去劳作、去创造新的生活。

2022年元旦前后，《北京日报》报道了北京市海淀区双榆树中心小学在"双减"背景下，用劳动教育等方式应对课后三点半的做法，说到一个孩子们喜欢的"秘密花园"[2]。

所谓秘密花园，就是学校背后的中关村众享荟生境花园，面积约450平方米。这个花园与一栋小楼紧密相连。去

---

① 方明主编：《陶行知全集》第4卷，四川教育出版社，2020年版，第449页。
② 于丽爽：《"双减"后干什么？海淀中关村的小学生们有个"秘密花园"》，载于《北京日报》，2022年1月12日。

过现场的人可能知道，这栋小楼，位于中关村大街东侧，是一栋二层红砖小楼，以前是双榆树街道生产服务合作社联社的办公楼，后来腾退，建成中关村村史馆。村史馆身后，属于双榆树西里锅炉房的供热用地，之前一直被违法建设占据。2020年夏天，中关村街道将违建拆除后"留白增绿"，启动了中关村众享荟生境花园项目建设，之后在昆明举行的《生物多样性公约》缔约方大会第十五次会议（CBD COP15）的非政府组织平行论坛上，中关村众享荟生境花园作为一个案例，荣获"生物多样性100+全球典型案例"。这个全球典型案例，向学校开放，就有了双榆树中心小学学生的"秘密花园"。每个周四下午三点半之后，学校"种植社团"的几十个成员，就会跑到花园开展社团活动，上他们的种植课。

《北京日报》的报道说，学生们分成四组，"选四个'包工头'，运砂石的、铺路的、给植物做护根的、清理枯草的，大家各自开工"。

《北京日报》的报道在北京看起来有点鼓舞人心，这是因为北京，特别是中关村那个地方，寸土寸金，学生们要有一个花园上种植课非常不容易，但是，北京之外的很多城市，没有这么金贵稀罕的花园，开展劳动教育的条件远比北京好得多。如果我们能像陶行知所说的那样，真的愿意解放孩子的双手，落实下来并不难。

2022 年 4 月，教育部发布了《义务教育劳动课程标准（2022 年版）》。其中根据不同学段制定了"整理与收纳""家庭清洁、烹饪、家居美化等日常生活劳动"等目标，于 2022 年秋季学期开始执行。其中提到，在小学 5~6 年级，烹饪与营养方面，学生要用简单的炒、煎、炖等烹饪方法制作 2~3 道家常菜，如西红柿炒鸡蛋、煎鸡蛋、炖骨头汤等，参与从择菜、洗菜到烧菜、装盘的完整过程，并且能够根据家人的需求设计一顿午餐或晚餐的营养食谱，了解不同的烹饪方法与食物营养的关系。

我想，这是一个很大的进步。不要小看让孩子学会烹饪这件"小事"，在我身边就有一些年轻的夫妇不会做菜，靠点外卖过日子，遇到新冠肺炎疫情不让堂食，痛苦不堪。

5. 解放小孩子的嘴，鼓励孩子提问

学问学问，学的秘诀在于问。

我曾经在苏州大学亲耳聆听过李政道先生对学问两个字

的解释。他说："求学问，先学问，只学答，不学问，非学问。"问而后有学，真正的学习是从问问题开始的。不让孩子提问，就等于关闭了他们向世界学习的窗口，甚至是扼杀了他们学习的可能。所以，陶行知反复强调，"发明千千万，起点是一问"。他说："解放小孩子的嘴。小孩子有问题要准许他们问。从问题的解答里，可以增进他们的知识。孔子入太庙，每事问。我从前写过一首诗，是发挥这个道理：'发明千千万，起点是一问。禽兽不如人，过在不会问。智者问得巧，愚者问得笨。人力胜天工，只在每事问。'但中国一般习惯是不许多说话，小孩子得到言论自由，特别是问的自由，才能充分发挥他的创造力。"[①]

在陶行知先生看来，解放孩子的嘴，不是简单地让孩子提问。除了要鼓励孩子提问之外，还要耐心地倾听他们的问题，细心地解答他们的疑惑，用心与他们一起探索和解决问题。

对于孩子们来说，问题就是打开世界奥秘之门的钥匙。拿着这把钥匙，他们可以通向任何方向、任何角落。法国著名思想家埃德加·莫兰曾经说："教育应该促进精神的提出和

---

① 方明主编：《陶行知全集》第 4 卷，四川教育出版社，2020 年版，第 450 页。

解决问题的自然的禀赋，和相应的激励一般智能的充分运用。这个充分运用必然包含着幼年期和青少年期的最充沛和最生动的天性的自由的发挥；这涉及十分经常地被训导所扑灭的好奇心，而问题是应该相反地刺激这个好奇心，或者唤醒它（如果它仍沉睡）。"①

莫兰特别重视"一般能力"的问题，也就是心理学家西蒙所说的 GPS（general problems setting and solving，一般问题的设置和解决），这个 GPS 不是指定位系统，而是指提出问题与解决问题的一般能力，在心理学上一般称之为智力。教育从关注知识传授走向关注智力发展，是当代教育的重要主题之一。这是因为，只有发展一般能力即智力，才能够具有解决一个个具体的特殊问题的能力。

同时，莫兰认为，人的一般能力的发展与人的好奇心有着非常密切的关系。人与生俱来就具备好奇心，具备探索世界的自由的天赋，所以，父母和教师应该在人的幼儿期和青少年时期努力地去唤醒它、呵护它、滋养它、刺激它，而不是忽视它、嘲笑它、扼杀它、扑灭它。儿童的这种好奇心虽

---

① ［法］埃德加·莫兰著，陈一壮译：《复杂性理论与教育问题》，北京大学出版社，2004 年版，第 110 页。

然是一种禀赋，但是如果我们无法满足他们探索的需求，我们拒绝回答他们的问题，或者对他们"幼稚"的问题冷嘲热讽，他们的好奇心就会被扼杀。这种好奇心也很难被刻意地去培养，不能"被编写在一个程序中"，难以通过正规化的课程体系加以培训，只能够通过父母和教师的热情，鼓励孩子们调动自己的内在力量去探寻、去追问。

孩子探索世界的好奇心、兴趣，获得知识的理智和愉悦，都是从问问题开始的。努力让孩子成为一个多问、善问的人吧！

6. 解放小孩子的空间，天高任鸟飞

院子里遛不出千里马，笼子里飞不出翱空鹰。

陶行知对当时学校教育脱离实际、远离生活，把孩子关在"鸟笼式的学校"的做法给予了严厉批评。他认为，这样做培养出的孩子，一定是"精神营养非常贫乏"的人，"这还不如填鸭，填鸭用的还是滋养料让鸭儿长得肥胖的"。[①]

---

① 方明主编：《陶行知全集》第 4 卷，四川教育出版社，2020 年版，第 450 页。

他深刻地指出：“解放小孩子的空间。从前的学校完全是一只鸟笼，改良的学校是放大的鸟笼。要把小孩子从鸟笼中解放出来，放大的鸟笼比鸟笼大些，有一棵树，有假山，有猴子陪着玩，但仍然是个放大的模范鸟笼，不是鸟的家乡，不是鸟的世界。鸟的世界是森林，是海阔天空。”[1]

在陶行知看来，鸟的世界是森林，是海阔天空；孩子的世界是生活，是整个宇宙。所以，他主张，要解放小孩子的空间，“让他们去接触大自然的花草、树木、青山、绿水、日月、星辰以及大社会中之士、农、工、商、三教九流，自由地对宇宙发问，与万物为友，并且向中外古今三百六十行学习”[2]。没有活动的空间，就没有创造的空间。创造的空间有多大，创造的可能就有多大，创造的奇迹就有多大。

因此，学校千万不能把学生关在校园里、关在教室里，父母千万不要把孩子关在家里，而是要鼓励他们到大自然中去，到社会的大课堂里去，那里，是现在学习创造的大天地，是将来进行创造的大天地！

---

[1]　方明主编：《陶行知全集》第 4 卷，四川教育出版社，2020 年版，第 450 页。
[2]　同上。

7. 解放小孩子的时间，杯空方能盛水

创造是需要时间的。吃了食物，消化是需要时间的；读书学习，思考是需要时间的。陶行知曾经以赶考和赶路为例，说明了时间对于孩子的意义。他说，"除非请医生，救人，路是不宜赶的"，因为"赶路的人把路旁风景赶掉了，把一路应该做的有意义的事赶掉了"。[1]考试更不宜赶，"赶考首先赶走了脸上的血色，赶走了健康，赶走了对父母之关怀，赶走了对民族人类的责任，甚至于连抗战之本身责任都赶走了。最要不得的，还是赶考把时间赶跑了"[2]。

陶行知先生一直认为，学校要做减法，要解放儿童的时间。他指出："现在一般学校把儿童的时间排得太紧。一个茶杯要有空位方可盛水。现在中学校有月考、学期考、毕业考、会考、升学考，一连考几个学校。有的只好在鬼门关去看榜。连小学的儿童都受着双重夹攻，日间由先生督课，晚上由家长督课，为的都是准备赶考，拼命赶考，还有多少时间去接

---

① 方明主编：《陶行知全集》第4卷，四川教育出版社，2020年版，第450页。
② 同上，第450~451页。

受大自然和大社会的宝贵知识呢？"[1]

陶行知说，茶杯要有空位才能够盛水，学生要有闲暇才能够学习。"把儿童全部时间占据，使儿童失去学习人生的机会，养成无意创造的倾向，到成人时，即使有时间，也不知道怎样下手去发挥他的创造力了。"[2] 所以，创造的儿童教育，首先要为儿童争取时间之解放。

亲爱的父母，千万不要把你孩子的时间全部填满，不要给他制定一个没有喘息机会的时间表，要允许他发呆，允许他思考，允许他嬉戏，允许他奔跑，鼓励他发问，鼓励他涂鸦，鼓励他到大自然中去。学会自主利用时间，才能够真正成为时间的主人。

8. "六大解放"，堪称今天的"双减"宣言

陶行知先生在 1945 年曾经扼要概括了"六大解放"的主要观点，并且认为只有做了"六大解放"，才能真正解放儿童的创造力。他说："解放眼睛，敲碎有色眼镜，教大家看事

---

[1] 方明主编：《陶行知全集》第 4 卷，四川教育出版社，2020 年版，第 450 页。
[2] 同上，第 451 页。

实。解放头脑，撕掉精神的裹头布，使大家想得通。解放双手，剪去指甲，摔掉无形的手套，使大家可以执行头脑的命令，动手向前开辟。解放嘴，使大家可以享受言论自由，摆龙门阵、谈天、谈心、谈出真理来。解放空间，把人民与小孩从文化鸟笼里解放出来，飞进大自然、大社会去寻觅丰富的食粮。解放时间，把人民与小孩从劳碌中解放出来，使大家有点空闲，想想问题，谈谈国事，看看书，干点于老百姓有益的事，还要有空玩玩，才算是有点做人的味道。有了这六大解放，创造力才可以尽量发挥出来。"[1]

多年后的今天，我们重温陶行知先生的"六大解放"，会对教育有许多新的感悟。"六大解放"，其实就是今天的"双减"宣言，就是教育要做减法的倡议书。它解决了我们在"双减"之后应该干什么的问题，减法本身不是目的，"双减"是为了提质增效，是为了孩子更好地成长，只有把时间和空间还给孩子，只有真正让孩子动手动脑多问善思，孩子才能成为更好的自己。

---

① 方明主编：《陶行知全集》第 4 卷，四川教育出版社，2020 年版，第 490~491 页。

第四章

减法教育的目标：过一种幸福完整的教育生活

教育的减法，无疑需要减学制、减内容、减修业年限、减难度系数等。但是，减来减去的目标是什么？

这是本书的关键一章，也是本书最重要的结论。对此，我们可以从多个维度予以回答。比如说，不要学得太累，不要浪费生命与金钱，不要焦虑，教给学生一生有用的东西，等等，这些答案都对。但是在这一章，我想借用我们新教育实验倡导的"过一种幸福完整的教育生活"，来回答教育减法的目标。

我在《新教育实验：中国教育改革的民间样本》[①] 和《朱

---

① 朱永新：《新教育实验：中国教育改革的民间样本》，中国人民大学出版社，2019 年版。

永新与新教育实验》[①]等书中多次谈过何为幸福完整的教育生活，这里不再赘述。我想借助我们新教育实验过去几年的课程探索，把过一种幸福完整的教育生活的目标，进一步细化为五个"为了"，对应新教育实验的五种课程，以便大家形象而具体地理解减法教育的目标。

1. 为了生命的长宽高

我们把人的生命分成生命的长度、生命的宽度和生命的高度。教育是为人的生命而存在的，命都没有了，教育还有什么意义呢？

2021 年 11 月，河南的两位中学生 10 分钟救下一个人的故事引起了大家的讨论，大家都给予很高的评价。[②]其实，这是我们教育本来就应该解决的问题。在我们的生命教育教材

---

① 朱永新：《朱永新与新教育实验》，北京师范大学出版社，2021 年版。
② 2021 年 11 月 22 日，河南大学附属中学高二年级的丁俊儒、郭昱宽同学在出校捡足球的时候，发现一位女子突发疾病摔倒晕厥在路边，已失去意识没有动作，课堂上学过急救知识的两位男生立刻对其进行心肺复苏急救。直到救护人员接手救治后，他们俩才放心离开。引自开封网，参见 https://www.kf.cn/c/2021-11-27/578305.shtml。

中^①，我们把一个学生需要的急救知识，包括自救和他救的知识都已经考虑到了。

我们从新闻媒体了解到，现在中小学生的心理问题频发，一些花儿一样的少年走上了不归路。这些都是我们生命教育的缺失带来的大的问题。新教育认为，教育，首先要解决生命的问题，让人们能够更健康地活着，更有意义地活着。

除了生命的长度，我们同时还关心生命的宽度，让学生成为一个受欢迎的人；关心生命的高度，帮助学生成为一个有价值、有信仰的人。2021 年 12 月 4 日，中国教育三十人论坛第八届年会上，我与福耀集团创始人、董事长曹德旺视频连线，有媒体在对此进行报道的时候取了个标题——《信仰、希望和爱，是人类倡导的最美好的价值》。曹德旺先生特别强调信仰，我很同意。信仰不一定非要通过宗教。看我们中国共产党早期的那些优秀党员，我们看《觉醒年代》，我们看《1921》，那些人就是因为拥有信仰。信仰的力量是非常重要的，信仰跟自信都是信。信、望、爱，虽然这是基督教的理念，但是我们可以把它转换成我们重要的心理素质，同

---

① 朱永新、冯建军、袁卫星主编：《新生命教育》（系列读本），山西教育出版社，2016 年版。

样具有重要的意义。你要相信这个世界，你要相信自己，你要相信善的力量，你要对人生充满期待，你要对未来充满希望，你要对孩子们、对这个世界充满爱，这些不仅仅是那些宗教所倡导的，其实也是人类所倡导的最美好的价值，在孩子们心中怎么播下这些善的种子，是我们的教育要认真研究的，在一定程度上，它比读写算的能力还要重要，是生命的大问题。

2. 为了思维的洞见力

法国思想家帕斯卡尔说："人是一支有思想的芦苇。"

对于培养学生思维的洞见力，我们早就达成了广泛共识。然而，如何培养思维能力则缺乏共识。对此，我建议大家关注英国罗斯玛丽·卢金教授在《智能学习的未来》一书中对人类智能的重新定义。[①] 这个定义有点长，学术性也有点强，请大家耐着性子往下看。卢金认为人类智能有七大要素：

---

① ［英］罗斯玛丽·卢金、栗浩洋著，徐烨华译：《智能学习的未来》，浙江教育出版社，2020年版。

- 一是学术智能（academic intelligence），是关于对事物的整体性理解和解决复杂问题的智能。

- 二是社交智能（social intelligence），是与人沟通交往和良好合作的智能。

- 三是元认识智能（meta-knowing intelligence），是关于对知识及其意义和形成过程的认识的智能。

- 四是元认知智能（meta-cognitive intelligence），是我们对自己的思维、自己知道什么以及不知道什么的认识的智能。

- 五是元主观智能（meta-subjective intelligence），是我们对自己的情绪、动机和人际关系的理解的智能。

- 六是元情境智能（meta-contextual intelligence），是我们把握自己的身体与周围环境相互作用的方式的智能。

- 七是自我效能感（perceived self-efficacy），是我们对于自己如何行动的认知以及控制自己行为方式的能力。

我认为，在卢金的交织型智能中的七大要素其实可以分为两个板块。

第一个板块有两个很重要的要素：一个是学术智能，另一个是社交智能。这两个要素都很关键，而且在一定程度上，是人工智能很难拥有的，特别是社交智能。它们与思维的洞见力直接相关。

互联网时代，信息大爆炸，知识不像过去那样割裂，所以对知识的整合能力显得更加重要。在过去，我们会强调专家专精于一个领域，而现在我们强调的是跨学科的知识整合能力。我们也同样强调社交能力，就像卢金教授说的："智能不仅源于人际互动，而且也越来越多地体现在人际互动之中。"人类想要在 21 世纪不断取得发展和进步，就需要充分利用这种社交智能。因为这是一种人类所独有的智能，是人工智能不具备的，"它源于我们对自己和同伴的情感，源于我们的感官，源于我们对自己和同伴的深入理解"。社交能力是智能社会中人类能够战胜人工智能的一个非常重要的基石。

第二个板块，包含其他五个元智能要素，指出了人类对于知识、思维、情感、情境和自我的认知，这五个维度在心理学领域里可以统称为元认知。过去我们在讲元认知的时候，就是讲认知本身，但是卢金教授进行了细化，对元认知理论进行了发展。

由于人总是在空间和情境中进行活动，所以对于情境的判断和理解也是非常关键的。另外，自我效能感，也可以理解成元自我。人的自我认识能力是所有能力中最关键的要素，这一点对于我们的教育是非常有启示的。

思维的洞见力与我们新教育实验倡导的大科学教育息息相关。这也是我们新教育实验强调大科学概念，认为未来的教育要特别强调思维能力训练的原因所在。

几个月前，我的一位好朋友很感慨地告诉我，推特的首席执行官换了，新上任的帕拉格·阿格拉瓦尔是印度人。美国的互联网巨头，无论是苹果、微软，还是推特、IBM（国际商业机器公司），绝大部分都被印度人掌控了。

我的这位朋友，曾经在华尔街工作过，她说在硅谷，华人数量跟印度人数量是差不多的。但是为什么有那么多的印度人担任首席执行官，而华人高管却很少见呢？我的这位朋友说，她当年也有很多印度同事，实事求是地说，她觉得自己不如印度人优秀。印度人的优势表现在两个方面：一个是印度人很抱团，另一个是他们的逻辑思维非常清晰。

这位朋友以自身经验赞叹印度人"强调思维的客观性"，

依赖严密的推论、充分的论据得出结论，结论的可靠性和可验证性强。她认为这和印度的教育体系中偏重逻辑推导的思维方式，强调清晰的表达是分不开的。而中国的教育体系偏重记忆、训练和应试。

对此，我颇为感慨。我们的教育体系中，文理分科太早，我们的思维能力会受到很大限制。我主张新科学教育，不要学那么难、那么深，否则的话，所有人都受不了。要注重培养科学精神，尤其注重思维方法，注重批判性思维。这是未来应该解决的一个大问题。新科学教育，正是对传统科学类课程的减法，强调科学概念、科学思维、科学精神的培养，注重培养思维的洞见性。

3. 为了心灵的创造性

已经作古的蔡元培先生作为教育家曾经提出一句四字口号：美育救国。他还提出了"以美育代宗教"的重要主张。

美学家蒋勋先生说过一句话："一个人审美水平的高低，决定了他的竞争力水平。因为审美不仅代表着整体思维，也代表着细节思维。给孩子最好的礼物，就是培养他的审美力。"

如果大家觉得这样的口号、这样的说法过于感性，我请大家看看美国国家教育科学院对1999—2000学年度与2009—2010学年度的艺术教育进行的对比研究。研究者做过一个有5万多名本科毕业生参与的问卷调查，其中有一个问题是："什么知识最有用？"问卷的结果颇为耐人寻味。毕业1~5年的学生的回答是"基本技能更有用"，毕业6~10年的学生的回答是"基本原理更有用"，毕业10~15年的学生的回答是"人际关系更有用"，而毕业16年以上的人提出了"艺术最有用"。我认为这是一个很值得关注的研究课题。

教给学生一生有用的东西，是我们新教育长期以来的主张。我们认为，艺术这些看上去似乎没用的课程，对生命的成长至关重要，是未来教育中应该特别加以关心、加以强化的内容。

麻省理工学院媒体实验室基于对"创意能源"的长期研究，提出了"创造力的克氏循环"（KCC），揭示了科学、工程、设计和艺术对创造力的贡献：科学的作用是解释和预测我们周围的世界，它将信息转化为知识；工程的作用是将科学知识应用于实践问题解决方案的开发，它将知识转化为使用；设计的作用是解决实施拥有最强功能和增强人类体验的方案，它将使用转化为行为；艺术的作用是质疑人类的行为并提醒对我们周围世界的感知，它将行为转化为新的信息观念，重新呈现在 KCC 中科学开始时的数据。艺术到科学处在克氏循环指针指向 12 点时的"灰姑娘时刻"，这时，新的感知启发了新的科学探索，审美是创造力的源泉。

李泽厚先生在谈到审美与创造力的时候就提出"以美启真"，并指出这是中国的思维传统，我们应该在新时代的创造力教育中，将中华美育传统发扬光大。在这一点上，新教育实验特别强调注重儿童天性的自由发挥，注重艺术的欣赏力和艺术情怀的培养，注重培养具有艺术精神、艺术思维和健全人格的人。

教育部颁布的《义务教育艺术课程标准（2022 年版）》明确规定，义务教育艺术课程包括音乐、美术、舞蹈、戏剧（含戏曲）、影视（含数字媒体艺术）5 个学科。但是，这些学科的内在逻辑是什么，有没有一些基本的艺术概念能够把这些学科整合起来，仍然需要继续研究，这也是新教育的大艺术教育需要继续攻关的课题。

4. 为了个性的张扬

在新教育的课程体系中，特色课程是不可缺少的。如果大家留意，会发现前面三个"为了"和后面即将讨论的另一个"为了"，分别对应着生命课程、智识课程、德育课程和艺术课程。这些年，新教育的课程体系架构表述为：以生命课程为基础，以求真的智识课程、求善的德育课程、求美的艺术课程为主干，以特色课程为枝叶。

为什么要有特色课程这样的"枝叶"？

目的是让学生做最好的自己！

这个枝叶不是可有可无的装饰，而是不可或缺的重要内容。因为，教育是为了让人成为更好的自己。最好的教育应该尽可能满足不同人的个性化需要。

为了个性的张扬，未来的课程最好要给学生留下 30%~50% 的空间去满足个人的需要。但是，如何落实呢？我们教育界的同仁很多都知道，北京十一学校在张扬个性方面做了一定的探索，很有口碑。这所学校是 1952 年创办的，原本为中央军委子弟学校，聂荣臻元帅以中华人民共和国华诞为之赐名，所以取名十一学校。学校根据"创造适合每一位学生发展的教育"的理念，开创个性化教育平台，鼓励学生将长板延长，学习感兴趣的内容，将其作为优势发挥到极致。这所学校的前校长李希贵先生曾表示，中国人被"短板理论"害了很多年，人该用长处工作和生活。对比高考制度下大家纷纷补齐短板的教育现状，很多家长和老师会对此很感慨。

遗憾的是，中国 95% 以上的学校不可能像北京十一学校这样开设这么多的特色课程，因为它们不可能拥有如此多的教育资源，根本做不到。因此，新教育实验考虑推进特色课程。一般特色课程通常是教育的点缀，新教育实验推出的特色课程则是希望以人和事的特色为入口，贯穿在生命、智识、德育、艺术的各个课程之中，能够激发每个人的潜力，从而让一个人成为更好的人，让一所学校、一间教室、一个家庭也能成为更好的学校、教室、家庭，最终让教育可以"为了个性的张扬"。

5. 为了人类的可持续发展

新教育实验不仅强调大科学，还强调大人文教育理念，强调两者相结合。我们对大科学概念和大人文概念相结合进行过框架性的思考，认为未来的教育不仅要强调前文所说的思维能力的训练，更要重视以数学和哲学为核心的科学精神、人文情怀。现在我着重谈一下大人文概念之下的人文情怀，我们的新德育课程就意在培养人文情怀，目的在于人类的可持续发展。

谈到这个主题，我先请大家关注一下碳达峰与碳中和的问题。

有些朋友可能会认为，碳达峰与碳中和同教育根本搭不上边，甚至与我们普通老百姓也没有多少关系，何必关注？如果这样想，就大错特错了。

2015年12月12日，第21届联合国气候变化大会通过了应对气候变化的《巴黎协定》，这是对2020年后全球应对气候变化的行动做出的统一安排。截至2016年6月29日，共有178个缔约方签署了《巴黎协定》。《巴黎协定》的长期目标是将全球平均气温较前工业化时期上升幅度控制在2摄氏度以内，并努力将温度上升幅度限制在1.5摄氏度以内。

2016年4月22日，中国签署《巴黎协定》。同年9月3日，全国人大常委会批准中国加入《巴黎协定》，成为完成了批准协定的缔约方之一。

2021年11月13日，第26届联合国气候变化大会在英国格拉斯哥闭幕。经过两周的谈判，各缔约方最终完成了《巴黎协定》的实施细则。我国明确承诺力争于 2030 年前实现碳达峰，努力争取 2060 年前实现碳中和。

为什么碳达峰、碳中和如此重要？因为它与气候变化有关。极端天气已经在全球范围内造成了规模空前的影响，为我们的日常生产生活带来了诸多不便，粮食生产面临威胁，海平面上升使灾难性洪灾的风险不断增加，临海城市和国家面临巨大生存危机，全球生态平衡时刻遭到破坏。仅仅在 2021 年 7 月，全世界五大洲同时发生了许多灾难性极端天气。如我国河南郑州突发千年来最强降雨、西伯利亚森林野火、欧洲致命的洪水、北美的高温等。[1] 2022 年夏天，500 年来最严重的干旱影响着世界许多地区人们的生活和生产，许多国家经历了有史以来持续的高温和最炎热的夏季。

---

[1] 2021 年 7 月，河南郑州突发罕见特大暴雨，7 月 17—20 日，郑州下了以往一年的雨水量，300 余人遇难。德国西部和比利时连日暴雨引发洪灾，造成200 人死亡，数百人失踪。新西兰西海岸遭遇严重洪灾，暴雨导致河堤溃决，当地宣布进入紧急状态。印度孟买遭受暴雨袭击，引发山体滑坡，多处建筑物倒塌。世界上最寒冷的地区之一西伯利亚遭遇热浪，引发森林大火。美国加利福尼亚州的死亡谷气温达到 54.4 摄氏度，加拿大不列颠哥伦比亚省因高温造成近 500 人死亡。非洲岛国马达加斯加经历 40 年来最严重的干旱，人们只能靠吃红色的仙人掌果实、野树叶甚至蝗虫勉强度日。

2019 年 11 月，联合国环境规划署发布《排放差距报告》警告称，如果全球温室气体的排放量在 2020—2030 年不能以每年 7.6% 的水平下降，世界将失去实现《巴黎协定》规定的 1.5 摄氏度温控目标的机会。而根据世界银行的报告，中国温室气体年度排放总量在 2005 年超越了美国，达到全球第一。2018 年，全球新增排放总量有超过 1/4 来自中国。

改变生活方式是持续减少温室气体排放和缩小排放差距的先决条件。基于消费的核算，全球约 2/3 的排放与私人家庭活动有关。通过改变生活方式减少排放，需要更广泛地改变系统条件和个人行为。

既然排放量的增加是由当代生活方式造成的，要想大幅减排就需要对这些消费行为模式做出重大改变。作为一个负责任的大国，低碳消费是全民参与气候变化应对的最直接路径。低碳教育也成为全面提升公众低碳意识的必要路径。要倡导低碳消费，培育低碳消费习惯，强化公众低碳的意识，节约每一度电、每一滴水、每一粒粮食，朝着低排放、低消耗、自然化、健康化、可持续化的方向努力。①

---

① 中国长期低碳发展战略与转型路径研究课题组、清华大学气候变化与可持续发展研究院：《读懂碳中和》，中信出版集团，2021 年版，第 387~397 页。

瑞典皇家科学院院士陈德亮先生介绍说，为了减少碳排放，他所在的瑞典哥德堡大学，很多教授都没有买车。他自己也是每天步行半小时到单位，无论是开会还是上课都选择步行，在校园里几乎每天走一到两个小时。学校有一个汽车共享 App（应用程序），谁要用车都可以在 App 上申请，10多辆车完全解决了教师们的用车问题。他感慨地说："应对全球气候变暖，需要世界各国科研共同努力，也需要每个老百姓承担起责任，更需要创新治理推动文明进步，实现科学的终极价值。"①

　　2021 年 5 月，联合国教育、科学及文化组织在柏林召开了世界可持续发展教育大会。在大会上，80 个国家的政府承诺到 2025 年将在其学校课程中大大增加环境教育的比重。的确，如果没有人类社会的可持续发展，我们每个人的发展又有何意义？我想，我们的新德育需要考虑到人类的可持续发展，从"小我"转向"大我"。否则，怎么把德育落到实处？我们一直在思考，没有活动，不通过实践，没有参与，是很难真正培养一个人的德行的。新教育实验通过模拟法庭、模

---

① 刘栋：《瑞典皇家科学院院士陈德亮：今年是气候变化转折年》，澎湃新闻，
2022 年 8 月 26 日。

拟政协、模拟联合国，通过教育领导力的培养，让一个人有比较好的法治意识，有比较好的协商沟通能力，有比较好的人类命运共同体的情怀。

第五章

学制的减法：中小学改成10年又如何？

你能够想象一个人在学校的学习需要多少时间？

我曾经算过一笔账，一个孩子，3 周岁进幼儿园，一路读下去，如果还继续做博士后研究，应该读到 33 岁左右。按照 60 岁退休计算，一生工作的时间不足 30 年。

对此，我们可以提出以下问题：

- 这是天经地义的吗？
- 这是不能变化的吗？
- 我们是否一定要进入学校才能学习？
- 我们是否需要所有的人进行如此长时间的连续学习？

答案其实是明确的：都不是。

从这个否定的答案开始，我谈谈我对学制问题的看法。一言以蔽之：现在的学制太长了，特别是中小学"六三三"学制，我建议条件成熟的时候改为 10 年左右，而且可以不按年龄编班，不分年级上课。

1. 现代中小学"六三三"学制是怎么形成的？

学制，是现代教育制度的产物，是一个国家各级各类学校的总体系，具体规定各级各类学校的性质、任务、目的、入学条件、修业年限以及它们之间的相互衔接关系。在这里，我们谈的学制，仅仅指修业年限。

在中国古代，虽然也有小学、大学之分，但不是现代意义上的学校教育制度，而是以学习内容区分的不同教育阶段，其中大学以诗书礼乐为学习内容，而小学则以文字训诂为教授内容。

现代教育制度只是人类进入现代社会，伴随着工业革命才开始产生的。在中国，现代意义上的学制只有 120 年的历史。

1902 年，第一个以日本学制为蓝本的近代学制"壬寅学制"（《钦定学堂章程》）正式颁布。尽管最终没有实施，但它是中国近代教育史上第一个正式颁布的现代学制。

1904 年 1 月，清政府颁布的《奏定学堂章程》，是我国实行的第一个近代学制。因为这一年为旧历癸卯年，所以该学制又称"癸卯学制"。该学制将教育划分为初等教育、中等教育、高等教育三个阶段，对应包括初等小学堂 5 年和高等小学堂 4 年、中学堂 5 年、高等学堂（大学预科）3 年和大学堂 3~4 年，共五个级别。这五个级别与"初等教育、中等教育、高等教育"三个阶段合称"三段五级"。在这个学制之中，从小学到研究生阶段，总的学习年限达到 20~21 年。后来，南京临时政府在此基础上形成"壬子癸卯学制"，规定男女同校，废除读经，改学堂为学校，并且缩短了初等教育 3 年学习时间。

1922 年，全国教育联合会颁布了以美国学制为蓝本的"壬戌学制"，明确基础教育阶段小学 6 年、初中 3 年、高中 3 年，故又称"六三三"学制。这个学制，一直延续到今天。放眼世界，总体来看，"六三三"学制的 12 年基础教育是世界各国学制的基本模式。

2. 对学制太长的诸多质疑

自从现代学制产生以来，学制，特别是修业年限，本身也一直处于变化之中，并没有一个大家公认的不可变更的固定模式。

近年来，学制问题再一次受到关注，很多人就这个问题提出过意见和建议。

2016年3月，在全国"两会"上，时任全国政协委员的莫言先生以"提案"的方式郑重提出：把我国12年基础教育学制缩短为10年。他从个人求学经历、子女受教育状况、现行教育的低效等角度分析了缩短学制的必要性，认为这是关乎提高民族素质、改变人生旅途的重大问题。

莫言的建议虽然在社会上产生了很大反响，引起了许多人的共鸣，但是却被许多教育界人士视为"不懂教育""不务正业""无知大胆""缺乏理论支撑和科学依据"。[①] 教育部在对相关提案的答复函中也明确表示："目前缩短学制尚缺乏成熟的、经过实践检验的科学研究成果为依据，缺乏国际上主

---

① 王子墨：《不妨听听莫言的建议》，载于《光明日报》，2016年7月18日。

要国家变革为参照，改革时机还不够成熟。"①

两个月后的 5 月 7 日，由中国教育三十人论坛、华东师范大学教育公平协同创新中心、华东师范大学国家教育宏观政策研究院共同举办的"以供给侧改革促进教育公平高峰论坛"在华东师范大学召开，厦门大学教授、历史文化学者易中天以"教育效率"为主题做了演讲。在演讲中他也明确提出了将 9 年义务教育改为 10 年，即将原来从小学到高中的 12 年制缩短两年，变为 10 年一贯制，其间不分小学、初中、高中。他指出，"现在的小孩都很聪明，一是因为从小营养好，二是因为从小接受的信息量就很大，因此压缩两年学制完全没问题"。他认为，10 年义务教育完成，学生 16 岁毕业后，应该仅有一部分去上大学，还有一大批应去上职业技术学院学一技之长。此外，他还建议课程设置要少而精，注重素质教育，让学习变得很愉快。

易中天说，缩短学制，"提高教育效率不是为了多出人才快出人才，是为了我们下一代健康愉快地成长，成为真实、

---

① 张惠娟：《莫言委员：建议缩短"633"学制，并取消小升初和中考 学者回应：学制改革，是个系统工程》，载于《人民政协报》，2016 年 3 月 16 日第 9 版。

善良、健康的人。提高教育效率是为了节约教育成本和学生的学习时间，如果本着这样一个目的考虑教育效率的问题，那才是真正的有效率"。

2018年全国"两会"上，全国政协委员、时任四川省民政厅副厅长张力呼吁缩短基础教育学制，"将现行普及9年义务教育改为普及10年高中阶段教育"，"12年可以缩短为10年，小学5年、初中3年、高中2年"。①

全国政协委员、时任福建省政协副主席阮诗玮建议，将我国的初等教育从目前的12年制改为"5+2+3"的10年制，使全体公民在18周岁之前即可完成初等教育课程。同时，现行义务教育也相应地从9年延长至10年，实现初等教育全民覆盖。②

全国人大代表、时任广东东阳光科技控股股份有限公司总经理张红伟表示，我国中学的初三、高三绝大多数时间在复习前面的功课以应对中考、高考。建议缩短教育学制，尽快推行"5+3+2"的10年义务教育。他认为，压缩学制后可

---

① 张路延：《四川民政厅副厅长：建议缩短学制 小学变5年高中变2年》，封面新闻，2018年3月10日。
② 林侃、林蔚、郑璜：《全国政协委员阮诗玮建议：深化学制改革 培养创新型人才》，载于《福建日报》，2018年3月6日。

使学生大学毕业后进入工作的时间提前两年，正值 20 岁左右的人生黄金年龄，毕业后走上工作岗位，工作、事业、家庭有更充足的时间打理与分配。①

2021 年 10 月 14 日，教育部官网公布了《教育部办公厅关于设立教育部基础教育综合改革实验区的通知》，上海、深圳、成都等 12 地成为教育部基础教育综合改革实验区。根据通知精神，设立全国基础教育综合改革实验区，旨在通过深化综合改革，探路先行，切实解决基础教育健康发展面临的突出问题，全面提高基础教育质量，为全国基础教育综合改革树立标杆和典范，切实落实好中央对基础教育工作的重大决策部署，以基础教育综合改革为强大动力，促进建设高质量教育体系。

但是，有意思的是，通知发布后，各种猜测"缩短学制"的"谣言"很快广为流传。10 月 17 日，某自媒体微信公众号发表题为《9 年读完高中？深圳 100 所学校入选"教学改革"实验校名单》的文章。文章称，教育部基础教育综合改革实验区或将实行"缩短学制，改为 9 年义务教育，小学 4

---

① 段松连：《全国人大代表张红伟：建议按"5+3+2"模式缩短中小学学制》，载于《南方工报》，2021 年 3 月 5 日。

年、初中 3 年、高中 2 年，取消小升初，高中前完成基础教育"，"中考分特色考试"，"普及高中，高中分特高、普高、职高"，"将目前技校全部下放为职高"，"大学改革，1/3 以上大学改为工科或高级蓝领大学，专业培养高级技术工人，为工业 4.0 打基础"等新型教与学模式，意味着深圳这 100 所"基于教学改革、融合信息技术的新型教与学模式"的实验学校将有可能实行新型教与学模式。

对此，上海、深圳等各地教育行政部门和教育部有关司局都很快辟谣，说明综合改革实验区相关改革任务均不涉及网传"缩短学制"等内容。①

尽管"谣言"被平息了，但思考没有停止。北京大学国家发展研究院院长姚洋近年来频频发声，呼吁九年制义务教育改为十年一贯制义务教育，职业教育到高中毕业后再分流。他提出了三个方面的理由。

第一，和我们国家现在的社会经济发展阶段有关。一般来说，收入水平达到一定程度之后就会开始普及高中教育。

第二，教育公平的需要。尽管我国城市地区的教育水平

---

① 何方迪：《教育综合改革实验区"缩短学制"说法刷屏网络 多地紧急辟谣 教育部曾多次回应》，封面新闻，2021 年 10 月 19 日。

增长比较快，但农村地区年轻人的平均教育水平没有超过 9 年。国家提出来共同富裕，在这么低的教育水平下，共同富裕难以实现。

第三，给父母减压的需要。现在高考的压力变成了中考的压力，中考决定一个人一辈子是做比较低端的工作，还是能成为大学生。中考时孩子才十四五岁，心理压力太大，还没成熟就要面临那么重要的人生抉择，父母也不甘心。10 年一贯制，大家齐步走，有助于给父母减压。[1]

为什么关于缩短学制的改革如此牵动人心？为什么从莫言的呼吁，到人大代表、政协委员的意见和建议，民间的"谣言"纷起，再到学者的研究，都对学制问题如此关注？

3. 为什么需要做学制的减法？

第一，现在的学制对于人的个性的关注是不够的。我们的学制是按照一个"线性原则"循序渐进设计的，这本身就是按照工业化生产的流水线思维安排的。肯·罗宾逊和卢·阿罗尼

---

[1] 颜星悦：《北大姚洋：取消中考，推行 10 年一贯制义务教育》，载于《北京青年报》，2022 年 5 月 3 日。

卡在《让学校重生》一书中指出，这种线性原则只适用于生产制造，不适用于人。"实际上，不同的学生对不同的学科有着不同的学习速度。对某个领域有天赋的孩子可能学起另一个学科来非常费力；有些学生在一些活动中的表现可能相当于更年长学生的水平，却在另一些活动中落后于同龄人。"[①]

事实上，不仅不同学生的发展水平完全不一致，即使同一个学生的不同方面，发展也是完全不同的。用同一个学制规定每个人前行的步伐，是不符合个性化发展要求的。

第二，现在的学制对于人的创造力和精力的黄金时间的重视是不够的。现代心理学和脑科学的研究都表明，人的精力最旺盛、创造力最强的时期是在 25 岁左右。许多人在 20 岁左右就显示了极强的创造力。牛顿发明微积分时只有 23 岁；沃纳·海森堡 24 岁创立矩阵力学，成为量子力学先锋；图灵 24 岁时就发表了奠定整个计算机和人工智能基础的论文，题为《论数字计算在决断难题中的应用》；爱因斯坦 26 岁时发表了一篇论文，独立而完整地提出了一个改变整个世界的理论——狭义相对性原理，开创了物理学的新纪元，这

[①] ［英］肯·罗宾逊、［美］卢·阿罗尼卡著，李慧中译：《让学校重生》，浙江人民出版社，2017 年版，第 47 页。

一年因此被称为"爱因斯坦奇迹年"。

我国的曹原22岁时获得世界顶尖学术期刊《自然》发布的"2018年度影响世界的十大科学人物",且位居榜首,他是该期刊创办149年来获此殊荣年龄最小的科学家。以上这些名人获得如此殊荣时,也差不多处在本科学习阶段。除此之外,武汉大学"启明星一号"研究团队中,20多岁的大学本科生占了1/3以上。华南师范大学大三学生吴攸,一年发表了13篇SCI(科学引文索引)论文。

赵洪洲先生曾经统计过中外历史上所有科学家成才的最佳年龄,也就是25~35岁。这个阶段是他们的创造力最旺盛的时候,随着时代的进步,这个最佳年龄也会越来越大,在16世纪的时候是20多岁,到了当代,可能要到30多岁。在这样一个黄金时间段内,如果我们只是消极地被动学习,是远远不够的。

在电影《1921》中我们也看到,13位中共一大代表就是一群年轻人,平均年龄28岁,最小的刘仁静只有19岁,在他们的身上,洋溢着朝气蓬勃的青春气息。科学家的发明创造也是如此,如果让我们的学生一直不间断地学习到30岁左右,是不利于培养创新型人才的。

如果觉得这样的例子过于高不可学，那么我可以说一下我知道的一个孩子的故事。读完这个故事，你就可以举一反三，明白我为什么说学制应该做减法了。

这个孩子在国内读完初中，父母把他送到美国读高中，寄宿在一个美国家庭。这是一个富裕且有涵养的美国家庭，对孩子非常热情，视如己出，每天早晨住家妈妈做好早饭开车送他去学校，傍晚再把孩子接回来，等住家妈妈做好晚饭，一家人围在一起用餐。每逢周末，住家爸爸还会带着孩子去外面散步、游玩。孩子在这样的家庭环境中，从来没感受到学习的压力。学校呢？不能说美国高中的老师对孩子的要求很宽松，但是他们不会直接督促孩子，不会直接告诉孩子要怎么样，不会像我们中国的老师那样每天盯着。在这样的环境中，孩子一下子松弛下来，高中读了 4 年也没有顺利毕业。

这个时候，按照美国的做法，孩子就应该在当地先上一所社区大学，然后再争取换一所好的大学，可是这个孩子个性比较强，他不愿意读社区学校，就跑回国内学习英文，备考雅思，准备申请英国的大学。

这里需要解释一下，这个孩子在美国之所以没有顺利读完高中，没有通过高中毕业考试，主要原因是孩子的英文不好。

当初孩子也是因为英文不好，父母才把他送到美国读高中的。扣除英文，这个孩子的初中学习成绩相当优秀，你看他中考英文二十几分还能考取普通高中，就表明孩子的学习成绩没什么问题。但是，这样的英文成绩留在国内上高中，未来怎么努力也很难考取一个像样的大学，所以父母希望让他去美国读高中，在纯粹的英文环境中倒逼自己，既能学好英文，又能上一所相对理想的大学。本来希望在美国实现这个理想，但是，这个目标落空了，不仅英文没有学好，高中也没有毕业，所以回到国内重新再来。孩子不知道听谁说的，执着地相信，考到一定的雅思成绩，就可以申请去英国读大学。

一年之后，孩子磕磕绊绊，在国内考了一个可以申请英国大学的雅思成绩，而后申请到英国一所世界排名 100 多位的"红砖大学"[①]，如愿以偿地圆了大学梦。这件事让孩子的父母喜出望外，也让周围的人大开眼界。听说这个孩子在美国读高中，前两年基本上没有读书，客观上听不懂、看不懂，主观上厌倦了过去的学习压力，陶醉于美国中学的宽松，享

---

① "红砖大学"（Red Brick University），是指在大英帝国时期的维多利亚时代，创立于英格兰的六大重要工业中心城市，并于第一次世界大战前得到英国皇家许可的六所大学，分别是伯明翰大学、曼彻斯特大学、利兹大学、布里斯托大学、谢菲尔德大学和利物浦大学。

受美国寄宿家庭的友爱。后来孩子的父母跟我说起这件事挺高兴的。他们认为，回头看，孩子能够留在一个友善的家庭，感受到人和人之间的温暖，而不是在一个竞争激烈的环境中，天天感受沮丧，对他心性的培养、人格的养成是一件好事。

听孩子的父母说，孩子现在已经大学毕业了，英国大学本科学制 3 年，前前后后，孩子花了 8 年时间，读完了高中、大学，相当于复读了一年。当然，这个孩子的故事，最后让我们觉得不错，与孩子自身的家庭条件有关系，并不一定适用于每个中国学生。但我们可以通过这个故事，反思我们的学制，我想，我们起码可以明白以下三点。

第一，高中 3 年、大学 4 年的学制并不一定适合每一个人。你看上面提到的这个孩子，以他的初中英语成绩，在国内读高中、考大学通常情况下没有什么出路，这是可以预见的。他在国内很可能考不上普通大学，更别说读世界排名 100 多位的"红砖大学"了，并且就读的是这所大学有影响力的主流专业。

第二，我们高中、大学阶段的英语学制并不一定适合每一个人。我们看这个孩子的英语这门功课，在他初中毕业的时候，中考英语成绩二十几分，相当于英语什么也不会，跟小学生的英语水平差不多。但是，他在后面几年的学习当中，连拖带拽，推推搡搡，拉拉扯扯，最终，在纯英语的环境中取得了大学学士学位，这表明他的英语学习过关了。对比国内，从高一开始到大学本科毕业，前后 7 年的时间，估计相当多的学生英语达不到这样的水准。我们可以推想，如果这个孩子在国内读高中、考大学，按照我们的英语学制，英语这门功课对他来说，是不是噩梦？这就进一步说明，英语学习并不一定非要按照我们高中、大学的学制往前推进。如果条件允许，你完全可以像这个孩子一样停下来，花一年时间，全心全意学英语。

第三，在一个不受刚性学制约束的环境，可以给孩子一而再，再而三重新选择的机会。这个孩子，如果在国内参加高考，应该很难考取大学，因为我们的学制不允许一个孩子的英语成绩拖后腿，我们也不允许孩子在两年高中时间"放羊"。但改变学制，可以给学生重新选择的机会，保留了足够的弹性。我觉得这样的学制既是宽松的，也是人性化的。

4. 学制的减法如何做？

学制改革是势所必然。那么，如何改革？怎样来减？

第一，在减少课程门类、降低学习难度的基础上，压缩基础教育的学习时间。关于减少课程门类、降低学习难度的问题，涉及学习内容的问题，我们专门讨论。只有在此基础上，才有缩短学制的可能性。建议把现在的基础教育时间从 12 年压缩到 10 年，可以采取"5+2+3"或者"5+3+2"的学制。

第二，在完成国家课程标准、实现教育目标的基础上，采取不按年龄编班、不分年级上课的弹性学习。在埃隆·马斯克的星际学校（Ad Astra），就已经取消了全世界广泛使用的年级制度——不通过年龄，而通过能力和兴趣评估，把学生编到不同的学习小组。在数学方面展现了明显天赋的 8 岁儿童，完全可以和 12 岁的孩子一起去上数学课。马斯克认为，强行按照年龄去决定一个人在社会中的角色和进度的"一刀切"做法，很容易伤害个体的独特天赋和具体需求。

第三，学制改革之后，采取 10 年一贯义务教育，中间没有小升初和中考，按照不同的课程采取学分制。10 年的义务教育完成之后，按照个人的兴趣和能力报考大学。大学分为两类：一类是职业技能类，产学研结合，采取升学与就业一体化的模式，一边在企业和机构工作取薪，一边在学校学习，是德国"二元制"的升级版；另一类是学术研究类，为有研究兴趣和能力的学生继续提供深造的机会。

5. 学制的减法有没有可能？

有人说："朱老师，您的建议听上去很美，如果真的把学制改成中小学 10 年弹性学习，能做到吗？"

我回答道，马上就减，一夜完成，当然有困难，但是，有计划地去实施，应该可以做到。比如说，政府要鼓励在职学习，取消公务员考试的学历限制，允许完成基础教育的学生先就业再学习，形成工作与学习交替进行的机制，要通过这些制度性的条件保障学制的减法可以落到实处。

说到这里，我想重点说说"普职分流"，我想通过我对"普职分流"的分析，解释一下如何为学制的减法提供制度性的条件保障。

不知道大家有没有注意到基础教育阶段父母的焦虑来自哪里。

来自高中阶段的"普职分流"！

据我观察，社会的焦虑在很大程度上来自"普职分流"。

社会普遍认为，接受中等职业教育的学生是目前教育体系的失败者，是考试竞争的失败者，大家以进职业学校为耻。特别是"双减"以后，家长最焦虑的就是如何不让孩子到职业学校去。

我们再看看，现在的中等职业教育在干什么。还像我们曾经期待的那样以就业为导向吗？不是！他们现在是升学的生力军。据统计，几乎所有的中职学校都有60%~80%的学生是以升学为目的的。一些中等职业学校甚至95%以上的学生都是以升学为主。

这种现象提示我们，是时候考虑取消高中阶段的"普职分流"了。过早的"普职分流"不利于人才成长。我们知道，初中是青少年成长最敏感的"危险期"，"普职分流"容易加剧他们的心理问题。家有男生的父母，感受可能更为明显。高中阶段的"普职分流"对男生相对不利，因为男生在初中毕业的时候才刚刚开始觉醒，很多人后劲还没有爆发出来，就匆匆忙忙地进入了职业学校。他们中的一部分，或者大部分，人生观、价值观还在形成的过程中，还要几年才能趋于稳定，才能知道什么样的选择是理性的，是符合本人和家庭实际的。

与取消高中阶段的"普职分流"相关联的问题，还有以下三个，都涉及我们所说的如何为学制的减法提供制度性的条件保障。

第一，高中后分流的职业教育阶段可以相对延长，采取"入学即入职"的方式。这样有利于企业跟学校产生更加紧密的联系，进行产学合作，满足企业的订单式生产的需要。学生们在工厂的忙碌季节可以去生产，在工厂不是很忙的时候，则以学习为主。同时学生可以有一定的收入，就是从当学徒开始，从学徒工资开始。随着学生技能的不断成熟，收入也会逐步增加。到大学毕业以后，基本上已经是一个熟练的技术工人了，而且整个学习阶段不需要交纳任何费用。

第二，高等本科教育体系变成一个以职业为主导的体系，研究生阶段以学术导向为主。其实，现在的绝大部分高等院校都属于职业类院校。真正的研究性院校，应该是以研究生阶段开始进行学术类研究的大学为主体的。也就是说，我们绝大部分的学生都是以就业为导向的，不再是"迫不得已"考上职业院校。我们的高等职业院校和现在的大学把它分成三六九等，是不利于学校成长的。应该要把高等教育中的职业类高等学校和学术类高等学校进行重新划分，职业类高等学校不再有高低贵贱之分。

第三，建立职业教育和普通教育之间的"立交桥"。就读于职业学校的学生如果觉得学有余力，可以转向学术类的学校，选择以学术为主要方向的学生也可以根据自身情况转到职业技术类学校。这样学生就可以获得比较好的发展空间，打通"立交桥"，不再是"一考定终身"。

以上，都是我平时的一些思考，拉拉杂杂，不成体系，还不是严谨的政策建议，我只是想通过分享这些拉拉杂杂的思考，说明我的观点，学制的减法从理念上说是应该的，从实际操作中看也不是不可能，但是，我们需要为此提供制度性的条件保障，需要把职业教育这些制度设计联系起来通盘考虑，不是单纯地为减而减，也不追求"毕其功于一役"。

最后，说一句题外话，在人口出生率不断下降、老龄化趋势不断发展的情况下，缩短学制，做学制的减法，也许有利于人口增长，有利于激发社会活力、释放创造力。

第六章

内容的减法：这是人工智能时代

熟悉我的朋友知道，我一直主张学校教学的内容要做减法，不要开设那么多的课程，难度系数不要那么高。我们在第四章介绍的课程体系，就是我们为未来内容减法做的设计蓝图。

1. 中美两位教授的故事

在讨论内容的减法之前，我先说说两位教授的故事。第一位是北京大学钱理群教授，著名的鲁迅研究专家。第二位是美国乔治梅森大学经济学教授布赖恩·卡普兰，《反对教育的理由：为什么教育体系是在浪费时间和金钱》一书的作者。

先说钱理群教授。钱教授出生于 1939 年，长期在北京大学中文系教书，如今 80 多岁了，很有性情，他曾经对学生自嘲，说自己 80 岁过后还会激动。

2012 年 4 月 22 日，在刘道玉先生的"理想大学"研讨会上，钱教授一句"我们正在培养出一批绝对的、精致的利己主义者"的评论，满座皆惊，"精致的利己主义者"很快成为一个社会热词。那天，我也在会议上做了一个发言，认识了这个可爱的"老头"。

若干年前，他给上海一位学理工科的学生回了一封信，在社会上引起了广泛关注。这位上海理工科学生一心想读北大中文系，却出于种种原因未能如愿，心情郁闷，就给钱教授写了一封信。

钱教授读完来信，非常感动。回信中，他坦率地说："你最终没有选择读中文，可能是一个正确的选择。"他的理由是，文学最好是作为业余爱好，不要随意把它当作专业，因为文学从本质上说是有余裕的产物。

钱教授说，这是鲁迅的观点。钱教授还说了鲁迅的弟弟周作人的观点，就是你最好先有一个稳定的职业，有一碗饭吃以后才去搞文学。因为以文学作为吃饭的工具，反而会失去写作的自由，你要把自己的作品转换成商品，就必须考虑市场的需求，所以自由职业者其实最不自由。

钱教授在回信中对这位上海理工科学生说，他现在既然学习了电子工程专业，以后吃饭也无问题，就可以利用业余时间读自己想读的书，写自己想写的小说，而且不以发表为目的，更可以自由地听音乐、看画展，提高自己的文学艺术修养，享受更为丰富的精神生活。

钱教授在回信中叮嘱这位上海理工科学生，在大学学习期间，可以兼顾一点文学、艺术，但是，应该以学习专业为主，虽然具体时间上可能会有冲突，但并非无法兼顾。

我是搞教育学的，不是搞文学的，我读完钱教授给这位上海理工科学生的回信，就条件反射地从教育学的角度考虑，是不是说文学、艺术这些课程不应该作为专业，而是应该作为每个人的修养？很多大作家如鲁迅、王蒙、冯骥才等，好像都不是文学专业培养出来的。因此，从专业的角度来看，有些是否也应该做减法，让有兴趣的学生自修相关课程就可以了？

我要讲的第二个故事，是美国乔治梅森大学经济学教授布赖恩·卡普兰博士的故事。他认为美国的教育体系在浪费时间和金钱，所以他写了一本旗帜鲜明地反对教育的书。作为一个经济学家，他用精算证明，美国的教育投资大、产出低，没有提高学生的生产力，也没有丰富学生的人生，只是通过文凭通胀贬值，加大了社会教育成本。因此，他提出了一条建议，就是把教育经费砍下来，削减学费补贴，他特别提出历史、社会研究、艺术、音乐、外语这些课程要减掉，让学生在有限的课堂上聚焦在阅读、写作和数学方面的学习上。[①]

我在这里说这两位教授的故事，不是说中文课程没有用，也不是说历史、艺术、音乐、外语这些课程没有用，钱理群先生在回给那位理工科学生的信中说的也不是这个意思，他不是否定文学的好，也不是在说理工科学生提高文学修养、人文精神有什么不对，他只是建议那位学生把理工科内容放在优先位置，走文理兼容的路不必非要在课堂上专门学习。我想，卡普兰也不是从根本上否定历史、社会、艺术、音乐的价值与功能，而是说学校教学的内容要减少。

虽然我在具体问题上，未必赞成这两位教授在这两个故事中的观点，但我肯定我们今天的教学内容需要做减法。下面，我具体地讲讲我对内容减法的观点。

---

① Bryan Caplan. *The Case Against Education: Why the Education System Is a Waste of Time and Money*. Princeton University Press，2019，PP.32~38.

2. 给课程减肥

我们大家都知道，教育的实践，主要关系到教和学两大领域。教主要涉及教什么和怎么教，学主要涉及学什么和怎么学。无论是教还是学，都涉及内容，涉及课程的内容、教材的内容。内容是教育的基础性和关键性问题，课程的丰富性决定了生命的丰富性，课程的卓越性决定了生命的卓越性。一句话，教育内容的高度决定了生命的高度。

随着教育重心由教向学的转变，学生对内容的感知就越来越重要。如果学生对内容不感兴趣，不是因为老师教得不好，而是因为内容本身太难或者没有学的必要，那么，对内容做减法就越发刻不容缓。

在布赖恩·卡普兰博士的著作中，我看到一个很有意思的美国"高中学生参与度调查"。66%的高中生说，他们每天上课都很无聊；17%的高中生说，他们每天上每节课都很无聊；只有2%的学生声称他们在课堂上从来没有感到过无聊。为什么这么无聊？82%的学生说学习内容没有意思，41%的学生说这些内容与他们毫无关系。而一项针对英国大学生的研究也发现，59%的学生对他们所听的一半或更多的讲座感到无聊，

只有 2% 的人认为他们对所听的讲座一点也不感到厌烦。^①

卡普兰在他的这本书中对美国教育的浪费进行了严厉的抨击。作为一名经济学家，他用精算证明，美国教育体系浪费了大量的时间和金钱，根本没有提高学生的生产率，也没有丰富学生的人生，只是大大增加了全社会的教育成本。

在他给出的两条建议中，首要的就是给内容做减法。用他的话说，就是"给课程减肥"，也就是把课程的内容大大缩减，首先要减掉的是历史、社会研究、艺术、音乐、外语这些课程。在他看来，只有减掉一些课程，剩下的课程才有质量，学生才能在真正的课堂上悬梁刺股，才能把精力聚焦到阅读、写作和数学方面的学习上。

卡普兰对教育内容的关注和他的减法思维有一定的道理。但是，他的药方开错了，他的两条具体建议我都不赞同。因为像历史、社会研究、艺术、音乐、外语等课程都有自己独特的功能和作用。尤其是艺术，可谓无用之大用。他关于减少教育经费的建议，我也并不同意。我认为关键是把钱用在什么地方，我们的教育还是非常需要增加投入的。卡普兰的

————————

① Bryan Caplan. *The Case Against Education: Why the Education System Is a Waste of Time and Money.* Princeton University Press，2019，P.135.

错误，不是我这里要说的重点，我们还是回到内容的减法上。

3. 千百年来学习内容的变化

我们可以简单回顾一下中国学生千百年来学习内容的变化。

人类早期的教育都是在家庭中、在生产劳动过程中进行的。学什么内容，基本是父母说了算，父母让孩子学什么，孩子就学什么，孩子在生活中进行学习。

在我国西周时期，为了培养统治阶级需要的人才，开始了最初的专门化教育。为了培养统治阶层，他们需要学习六艺，即礼、乐、射、御、书、数。

科举制度产生之后，教育内容围绕科举展开。朝廷考什么，学生就学习什么，私塾就教什么。在这里，我顺便多说几句四书五经是怎么成为学习内容的。

所谓四书，就是《大学》《中庸》《论语》《孟子》。

所谓五经，就是《诗经》《尚书》《礼记》《周易》《春秋》。

一开始，只有五经，没有四书。四书的教科书地位，是宋朝理学家朱熹奠定的。在此之前，虽然西汉时期董仲舒提出"罢黜百家，独尊儒术"，奠定了五经的经典地位，但在当时的社会上，各种思想都有，佛学、道学也有很多粉丝，最重要的是，当时做官并不通过考试，而是通过举孝廉，推荐孝顺廉洁的读书人做官。这种情况下，四书就不是读书人必修的内容。朱熹一生花了40年，为四书做修订注解工作，直到辞世的前一天，还在修改《大学》。元朝是蒙古人的天下，他们不仅推崇朱熹的《四书集注》，还直接将四书定为科举考试教科书，由此确立了朱熹在中国教育史上的地位。民国时期著名的历史学家钱穆先生，在《朱子学提纲》中说："自朱子以来八百年，四书成为中国社会之人人必读书，其地位已在五经之上。"

我认为，四书超越五经，原因有多个，其中之一就是考试内容。你要考秀才、中举人、中进士，你就得学习。中央电视台春节联欢晚会曾经说过的安徽桐城"六尺巷"①的主人公——清朝父子宰相中的父亲张英，在给儿孙的书信中，嘱咐晚辈尽量不要看诗，更不要在时文上下功夫，一定要集中精力读

---

① "六尺巷"位于安徽省桐城市区西后街与五亩园之间。据载，清代康熙年间，桐城境内大学士张英的府第与吴家相邻。吴家盖房欲占张家隙地，双方发生纠纷，告到县衙。张英闻讯批诗寄回家人："千里家书只为墙，让他三尺又何妨。万里长城今犹在，不见当年秦始皇。"家人得诗，旋即让出三尺。吴家深受感动，也让出三尺，便形成了一条六尺宽的巷道。"六尺巷传说"现在已经成为安徽省级非物质文化遗产。

四书，为什么？因为年轻的时候一定要"以举业为重"，科举考什么，你们就学什么。

如果不是西学东渐洋务运动救亡图存，晚清学生可能还要继续学习四书五经。1888年，清政府准设算学科取士，首次将自然科学纳入考试内容。10年后，加设经济特科，荐举经时济变之才。1905年9月2日，袁世凯、张之洞奏请晚清皇帝立停科举，推广学堂，推进实用之学。皇帝批准次年起废除历时1 300多年的科举制度，所有乡试会试、各省岁科考试全部停止，颁发各种教科书，全国上下各处遍设蒙小学堂。接着，我们就看到丰子恺、李叔同他们在乡村教画画、教音乐，我们的学习内容开始跟西方工业社会相匹配。

为了工业时代机器化生产的需要，读写算的能力成了教育很重要的内容，改革开放后我们说"学好数理化，走遍天下都不怕"。最近40年，我们的教育内容总体上跟着考试指挥棒起舞，考什么学什么，考得多学得多。我们的学制100年没有变，但是，学习内容100年来急剧增多，难度系数也越来越大。

4. 人工智能时代，内容的减法是时代的需要

我们知道，在以互联网、人工智能、大数据、区块链等技术为代表的新的时代，社会呈现了一些非常重要的变化。这些变化要求我们与时俱进，减少我们的课程内容、教材内容、教育内容。

第一，社会信息化，无论学校怎么增添内容，都无法跟上新知识的增长速度。我们已经进入信息化时代，信息爆炸，人类的知识呈几何级数增长，新知识不断涌现。我们在学校里面学习的内容，跟不上新知识的增长速度。

第二，教育资源泛在化，学校不再是获取知识的唯一场所。随时、随地，线上、线下，人人、处处都可以获得知识。在学校学习的合理性和合法性，也受到了很大的挑战。美国也好，我国台湾地区也好，都出台了"在家学习"的相关法律法规，在家里可以得到学校里教的所有东西，通过网络，通过各种教育手段，美国现在有两三百万在家学习的儿童。其实我们中国也有，我的朋友中就有。只不过他们还需要在学校办一个"户口"，保留名义上的学籍。

第三，职业流动化，在校学习内容无法满足流动化的需

要。一个职业干一辈子的时代过去了，新的职业不断出现，一些行业退出历史舞台。在西方发达国家，大概一个人一生平均有 10 次以上改变职业的机会。过去学校教育为职业做准备的这样一种理念和形态，也将发生巨大的变化。很多国外大公司已明确表示不看专业背景，只要求学生具有好的素养、好的学习能力，是因为你在学校学到的内容不可能满足你这一生的工作需要。

第四，技术赋能化，使得记忆学习发生变化。过去，我们主要是靠自己的大脑进行学习。现在，互联网、人工智能、区块链、大数据等高新技术都在为教育赋能。马斯克已经把芯片装在人的大脑里了。未来人的学习、认知方式将会发生非常大的变化。通过认知外包，人的学习能力也会大大增强。传统的以记忆和再现知识为主要目标的教育方法也会发生很大变化。

第五，学习终身化，使得过去一次性完成的教育过时了。从幼儿园、小学到中学、大学，这样一种刻板式的阶段式学习，与贯穿整个人生的未来式学习、连续性学习，是矛盾的。今天的学校，实在没有必要学习那么多的课程、那么多的内容。

第六，教育个性化，导致学校教育内容显得刻板、单调且乏味。在传统的教育中，我们的学习是没有选择的，小学、中学的教育内容、教育时间、教育空间都是被填满的，学生很少有选择的余地。未来将越来越注重个性化、多样化的学习需求，满足不同人群的特色需要。在马斯克的 Ad Astra 学校，课程就很个性化，除了少数基本的课程之外，他们会让学生接触和学习人工智能、火箭喷射器等方面的知识。学校的课程内容会每年翻新，学生甚至可以自己决定课程内容。同时，学校还会邀请各界学者、专家到学校演讲，给学生们分享更多的知识。

我的一个上海友人，他的孩子从小就喜欢打高尔夫球，孩子要练球，就不能天天上课，就要把大量时间花费在高尔夫球练习场上。之前，父母担心孩子不能全天候在校学习，未来学习成绩会变差。但事实证明，孩子学习成绩不错，练球并没有耽误孩子的学习，更是在 2022 年被美国著名文理学院斯沃斯莫尔学院录取。这就反过来说明我们在校学习的内容，我们的课程内容、教材内容、练习内容，存在减少的可能。如果未来有更多的孩子像这样选择个性化教育，我们怎么可能在课堂上教那么多的内容呢？

5. 更少，但更好

人生也好，教育也罢。教育内容如何做减法，的确是一门大学问。

人的精力和时间都是有限的。时间，是我们每个人成长的最大空间。如何在有限的时间内做更有价值的事情，学一生有用的东西，的确是教育需要考虑的大问题。

《精要主义》这本书的作者在书中有一个很有意思的对比研究。他从思考、行动和收获三个层面，剖析了非精要主义与精要主义的不同。

第一，思考的层面。

非精要主义：所有事，所有人。

- 我必须做。
- 一切都重要。
- 怎样把一切都安排妥当？

精要主义：更少，但更好。

- 我选择做。

- 重要的只是少数。

- 怎样权衡取舍？

第二，行动的层面。

非精要主义：盲目地追求更多。

- 对最紧迫的事情做出反应。

- 不假思索地满口答应。

- 在最后一刻仓促执行。

精要主义：自律地追求更少。

- 停下来区分、辨别重要的事情。

- 对非精要之事一律说不。

- 为方便执行清除障碍。

第三，收获的层面。

非精要主义：生活不如意。

- 承担太多任务，工作成了折磨。

- 感到失控。

- 不确定该做的事情是否已经做了。

- 感到不知所措、筋疲力尽。

精要主义：生活充满意义。

- 精心挑选有价值的工作。

- 一切尽在掌控之中。

- 完成该做的事情。

- 享受旅程的快乐。[①]

思考决定行动，行动决定收获。有什么思想，就有什么行动，有什么行动就有什么结果。因此，减法思维与精要主义的追求是相同的，即"更少，但更好"。

"更少，但更好"，不仅适用于教育内容的减法，也适用于整个教育的改革，乃至整个人生的规划。

---

① ［英］格雷戈·麦吉沃恩著，邵信芳译：《精要主义》，浙江人民出版社，2016年版，第2页。

"更少"，指的是选择，指的是要学会说"不"，确保把最重要的时间和精力用在最有意义的事情上面，"狮子搏兔，亦用全力"。在教育上，我们就要把最美好的东西给最美丽的童年，就要教给孩子一生有用的东西。

"更好"，指的是用心，指的是要心无旁骛、全力以赴。在教育上，我们就要家、校、社齐心协力，给孩子们提供最好的成长空间与发展土壤，让他们心灵自由、放飞想象，拓展生命的长宽高，成为更好的自己。

第七章

文凭的减法：从文凭社会走向能力社会

其实，教育的减法中，最应该做，也最难做的，就是文凭的减法。

因为，文凭，已经是教育的符号、教育的魔咒。

因为，文凭，已经是教育的中枢、教育的牛鼻子。

中国古代有一个"买椟还珠"的故事，我们的学历文凭，就是那个外表华丽的空盒子。

在现代社会，对于很多学生而言，学习什么、如何学习已经不重要，这就像真正的珠宝一样，不被看重。重要的就是那一张纸，那一张能够决定自己是否有好工作、好收入、好地位的学历文凭。这张文凭，就是那个空盒子。

1. 学历、学位与文凭

文凭是现代教育制度的产物。

要了解文凭，就要了解学历与学位。

学历是什么？顾名思义，学历就是求学的经历、学习的历史，指曾在哪些学校肄业或毕业，学习了多长的时间。

在中国，学历体系包括小学、初中、高中、大专、本科、硕士、博士等。

经教育行政部门批准实施学历教育、有国家认可的文凭颁发权力的学校及其他教育机构所颁发的学历证书，被称为文凭。也就是说，文凭是学历的凭证。

学历证书分为毕业证书、结业证书、肄业证书三种。

学完教学计划规定的全部课程，考试成绩及格（或修满学分），可取得毕业证书；学完教学计划规定的全部课程，其中有一门以上课程补考后仍不及格但不属于留级范围或未修满规定的学分，可取得结业证书；学满一学年以上而未学完教学计划规定的课程而中途退学者（被开除学籍者除外），可取得肄业证书。

学位，主要用于高等教育，是标志被授予者的受教育程度和学术水平达到规定标准的学术称号，分学士、硕士、博士三级，分别对应 4 年的本科毕业生、2~3 年的专业硕士和硕士毕业生、3 年的博士毕业生。

学位不等同于学历，获得学位证书而未取得学历证书者仍为原学历。也就是说，取得大学本科毕业证书的，并不一定能够获得学士学位证书。如有本科学历，之后通过在职人员学位申请取得了博士学位，这时，他的学历仍为本科，而不能称之为"博士学历"。一般而言，学位证书与学历证书不同，学位证书更多的表示学术水平，学历证书表示学习的历程。

由于没有其他更科学合理的评价方式，作为学历证书的文凭和学位证书，一般用来代表一个人受教育的程度，当作一个人的文化素质和技术水准的"资信"凭证。而文凭制度则相应地成为社会甄选、任用人才的一种重要的制度化方式。因为现代文凭制度内含文凭授予和获得的各种具体操作程序，包括了一个人漫长的学习经历，规定了文凭持有者要达到相应的专业水平所必须接受的专业训练的类型和程度，文凭的价值也就随着时代的发展而不断凸显。

2. 学历社会与文凭主义

应该说，现代的学历、学位、文凭制度，对于教育普及和学术发展，对于打破封建社会的等级体系，发挥了非常重要的作用。

但是，随着时代的发展，学历、学位、文凭制度开始发生扭曲，导致了学历社会与文凭主义的产生，其弊端也日益显著。

首先，学历、学位、文凭成为名利场的"敲门砖"。它们本来只是作为人们求学深造循序渐进的路径，作为衡量人们学术水平的凭据，如今却变成了人们求职、获得高薪的前提条件。经济发达国家在20世纪五六十年代后，我国在20世纪90年代后，由于大学生、硕士生、博士生急剧增加，求职者唯有取得高学历才能谋求较好的职位，获得较高的社会地位。人才的高消费从高学历走向名牌学校，许多用人单位有了自己的"985""211"高校和海外名校的"白名单"。

其次，学历、学位、文凭成为应试教育的"催化剂"。由于只有拥有高学历、名牌学校文凭才能找到令人羡慕的好工作、获得高收入，因此竞相报考名牌大学就成为"千军万马过独木桥"的唯一路径。为了上好大学，就要上好高中；为了上好高中，就要上好初中；为了上好初中，就要上好小学；为了上好小学，就要上好幼儿园。就这样，压力层层传递，"不要输在起跑线上"成为全社会的共同教育焦虑。

重视学历本身没有错，但是重视过头，变成学历社会，就有问题了。

日本是比较早关注学历社会问题的。所谓学历社会，就是说在一个社会中，"每个社会成员的社会地位、职务高低、经济状况等，不是由其门第、家庭出身等来决定，也不是由其本人的实际能力来决定，而是由其学历来决定"。在评价一个人时，也不是看他"学了什么、学得怎么样"，而是注重他"在何时、何地学习过"，甚至会得出根据从哪所学校毕业来判断本人的能力和个性的结论。

这样，学历和文凭就失去了它最初的价值和意义，成为一个外在的光环。日本学者矢仓久泰在20世纪70年代末撰写的《学历社会》一书就提出，"学历社会"的弊病在于，一方面，由于只注重学历，导致学生在学习上的片面发展和考试战争的激化，使许多学生只是磨炼考试的技术，死记硬背，思维力却没有得到真正提高，同时，书面考试也无法测定出一个学生的创造性、道德品质、人际关系以及领导能力等诸多因素的情况，这些都不利于选拔真正的人才；另一方面，各个行政机构和组织在挑选人才时，也是仅仅以分数高低为序，这样很不利于选用真正的人才。此外，教育质量相对下降，大学毕业生相对过剩，这些也都是"学历社会"所带来的问题。①

从矢仓久泰开始，一些有识之士用各种方式对学历社会和文凭主义进行批评。日本著名畅销书作家东野圭吾在《毒笑小说》中说："他们的父母丝毫没有发现，其实这些孩子早在被我们绑架之前，就已经被绑架了——被学历社会这个妖怪绑架了。"他认为学校教育是现代社会的"妖怪"，这个"妖怪"已经绑架了我们的孩子，绑架了我们的教育。②

美国当代著名社会学家兰德尔·柯林斯在《文凭社会：教育与分层的历史社会学》一书中，通过对美国教育历史的研究，剖析了文凭社会形成的过程，认为建立在教育基础之上的文凭社会是一种不合理的分层机制，建议废除文凭，遏

---

① 〔日〕矢仓久泰著，王振宇、程永华译：《学历社会》，吉林人民出版社，2012年版，第1页。
② 〔日〕东野圭吾著，李盈春译：《毒笑小说》，北京十月文艺出版社，2018年版。

制文凭"通货膨胀"的趋势。作者在中文版序言中分析了文凭膨胀的原因与过程："教育学位是一种体现社会地位的通货，可以用来交换获得工作的机会；与所有通货一样，当供给不断增加而货物却有限时，价格就会飞升（或购买力下降）。在这里，人们追求的是不断减少的中产阶级工作职位。教育通胀基于自身而发展；在每一个攻读学位的个体看来，面对学位贬值，好的回应就是获得更多的教育。"[1] 他的分析，不仅指出了文凭膨胀的原因，也解释了文凭减法的困难所在。

将学历社会和文凭主义批评得淋漓尽致的是美国乔治梅森大学经济学教授卡普兰，他在普林斯顿大学出版社出版的《反对教育的理由：为什么教育体系是在浪费时间和金钱》一书中，对学历社会和文凭主义进行了深刻的反省。

卡普兰在书中明确指出，以他自己一生的经验，加上1/4个世纪的阅读和反思，他有理由相信美国的教育体系是对时间和金钱的巨大浪费。而这个浪费主要体现在追逐高学历和文凭方面。他把高学历和文凭比喻为"信号"（Signals）。事实上，存在着两种不同的教育，即"作为技能创造的教

---

① ［美］兰德尔·柯林斯著，刘冉译：《文凭社会：教育与分层的历史社会学》，北京大学出版社，2018年版，中文版序。

育"和"作为信号的教育"，前者偏重实际的内容，后者偏重外表的形式。前者相当于买椟还珠的"珠"，后者相当于"椟"。最后几乎所有的人，从学习者到用人单位，重视的都是"椟"，是最为"信号"的教育。因此，他得出结论："如果教育都是技能创造，那么平均教育水平的下降会削弱我们的技能，使世界变得贫穷。然而，如果教育是一切信号，那么平均教育水平的下降将使我们的技能和世界财富保持不变。事实上，削减通过节省宝贵的时间和资源而使世界变得更加丰富。"①

尽管我们都知道学历不等于学力，文凭不等于水平，为什么人们还如此迷信学历与文凭这样的"信号"呢？卡普兰认为，这是人们习惯于"使用真实的平均刻板印象来节省时间和金钱"。这其实是一种"统计歧视"。比如老年人需要支付更高的人寿保险费，因为老年人往往死得更快；出租车司机更愿意接待一个穿西装的年轻人，而不是一个穿得像黑帮成员的年轻人，因为后者更有可能抢劫他。尽管事实上并非完全如此。

---

① Bryan Caplan. *The Case Against Education: Why the Education System Is a Waste of Time and Money*. Princeton University Press，2019，P.6.

之所以学历与文凭这样的"信号"受到广泛的重视,是因为这些"信号"与人们的收入有着直接的关系。一项关于不同学历的人的收入调查表明,随着个人受教育程度的提高,他们的收入也随之提高,而且收入差距巨大。拥有高等学位的人的收入几乎是高中辍学者的 3 倍(见表 7-1)。[①]

表 7-1　按教育程度划分的平均收入(2011 年)

	某高中	高中毕业生	学士学位	硕士学位
平均收入(美元)	31 201	40 634	70 459	90 265
相较于高中毕业生的收入溢价	−23%	0%	73%	122%

资料来源:美国人口调查局。

卡普兰在书中反复强调,我们往往过分夸大了目前学校教育的作用。在他看来,"教育大约 80% 是信号传递,20% 是技能创造"[②]。为什么他会得出这个结论呢?

第一,人们接受教育的动机主要不是为了知识、技能、创造,而是为了学历、文凭的"信号"。美国高等教育研究所对大学新生的目标进行了调查。近 90% 的人认为"能够找到

① Bryan Caplan. *The Case Against Education: Why the Education System Is a Waste of Time and Money*. Princeton University Press,2019,P.69.
② 同上,第 218 页。

更好的工作"是上大学"非常重要"或"基本"的理由。"经济非常富裕"（超过 80%）和"赚更多的钱"（约 75%）紧随其后。只有不到一半的人回答"发展有意义的人生哲学"。

第二，很多大学生用在学习方面的时间很少。例如，一项对加利福尼亚大学的本科生进行研究的报告显示，大学生每周在学习上花费的时间约为 13 小时，但是在其他方面花费的时间要超过 40 小时，比如他们还花 12 小时与朋友社交，11 小时用于电脑娱乐，6 小时看电视，6 小时锻炼，5 小时发展兴趣爱好，3 小时用于其他娱乐形式等。[①]

第三，学校不能够学到真正的技能创造，这些本领大部分是在职业生涯中学到的。"大多数实际工作技能是在工人找到一份入门工作和相关晋升阶梯上的一个职位后，通过在职培训非正式获得的。"[②]

因此，卡普兰提出，"教育带来的社会红利在很大程度上是虚幻的：教育增长的主要成果不是基础广泛的繁荣，而是通货膨胀"。教育改革的目标就是要消除这种"通货膨胀"，

---

① Bryan Caplan. *The Case Against Education: Why the Education System Is a Waste of Time and Money*. Princeton University Press，2019，P.66.

② 同上，第 10 页。

挤掉学历与文凭的"水分"，降低"信号"的价值。他提出，教育的社会回报取决于"信号"的力量。"信号"的份额越高，力量越大，教育的社会回报就越低。"当你接近纯信号极时，教育的社会回报降到零，然后变为负。"对于学生们来说，"信号是一场消耗战。早放弃就是投降。你忍受的时间越长，你看起来越强大。胜利者——找到最好工作的人——是站到最后的学生"[1]。

基于卡普兰对于教育问题的分析，他提出了一系列的改革举措，如大幅度降低学历与文凭的"信号"作用，回归能力本位的用人观，大幅减少政府的财政教育投入，增加个人的教育成本，大量减少学校教育中"无用"的课程，大力发展职业教育等。应该说，这位关注并关心教育问题的经济学家，有许多深刻的见解和睿智的分析，尤其是关于教育的"信号"学说，可谓入木三分、鞭辟入里。但是，他的一部分药方开错了，如减少艺术与人文社会科学课程，减少政府对教育的投入等。

---

[1] Bryan Caplan. *The Case Against Education: Why the Education System Is a Waste of Time and Money*. Princeton University Press，2019，P.24.

3. 如何做学历与文凭的减法？

在学历社会和文凭主义的弊端受到广泛批评的同时，世界各国也在探索解决问题之道。日本政府在 20 世纪 80 年代末进行的第三次教育改革，就把克服学历社会导致的弊端作为改革的重要内容。日本临时教育审议会在关于教育改革的咨询报告中明确提出，克服学历社会和文凭主义的弊端须从三个方面着手。

第一，建立以 21 世纪为长远目标的终身教育的社会，改变评价人的标准。在偏重学历的社会里，评价一个人往往是以"在何时、何地学习过"为标准的，而在终身教育的社会里，则以"学了什么、学得怎么样"为标准。

第二，改革学校教育。使学校教育对社会的要求做出灵活反应，使形式上的学历与实际学历相一致，从而具有灵活性，改变只以考试分数评价人的做法，要多方面地评价一个人的能力，还要向人们提供多种多样的受教育机会。

第三，企业界、政府机构录用人员时应注重每个人各方面的能力，纠正一切不合理和不公正的招工办法，实行就业机会均等以及就业后根据本人的能力评价、晋升和提职的制度。

1991 年，索尼公司率先对学历和文凭说"不"，采取对学校名称"不准问，不准说，不准写"的三不方针。公司董事长盛田昭夫曾写过一本叫《让学历见鬼去吧》的书。很多企业意识到它们真正想要的是创造性人才，采取了"英雄不问出身"的招聘办法，现在的丰田汽车、朝日啤酒、TBS（东京放送）电视台等大企业在招聘时也都不问校名。

招聘网站 Glassdoor 编制了一份 15 家不再需要大学毕业证书的世界著名大公司的名单。在这份名单中我们可以看到，苹果、谷歌、安永会计师事务所、IBM、美国银行、希尔顿、星巴克等世界顶级公司都愿意接受非传统教育或只有高中毕业证书的人，而且提供的可能是高薪岗位。这些企业已经明智地认识到，学历其实并没有那么重要，"考试中胜出的能力 = 工作能力"这个等式已经渐渐不成立了。企业应该更注重人的学习能力与创造能力、可持续成长的空间、吸收知识与技术的能力等。

4. 取消公务员考试的学历门槛

在我国，要在短期内取消学历和文凭制度有一定难度。

但是，不妨从取消公务员考试的学历要求开始。早在2006年的全国"两会"上，我就提出过相关的建议。我在提案中明确提出，国家行政机关公务员录用考试制度体现的是公平竞争、机会平等的原则。但是，却一直有"大专以上"的学历要求，而且在实际操作时，国家公务员考试的很多岗位对学历的要求是本科生或硕士研究生，甚至是博士研究生。国家公务员考试不同于高考，它是直接为国家选拔管理人才的一种考试，学历不等于能力，从这个目的看，人为设置公务员考试的学历门槛值得商榷。

国家管理人才要求有高学历，招收优秀人才参与国家治理，这看起来似乎顺理成章，很有道理，但至少有六条弊端。

第一条：将"公开"与"公平、公正"混为一谈。学历的高低可能有客观因素，一旦先审查学历，就在实质上违背了公平竞争、机会均等的原则。

第二条：学历门槛不利于素质教育的推广。学历门槛的实质等于赞同"高学历就是人才"这一前提，把"学历"与"学力"混为一谈，因而等于我们现在仍然在一定程度上沿袭传统"科举考试"人才选拔模式——"学而优则仕"。

第三条：学历门槛对"假文凭、假学历"的泛滥起到推波助澜的作用。早在 2005 年底，中央有关部门公布了两年来对县处级以上干部清查假文凭的结果，每 40 人中就有 1 人的文凭有问题，有的省持有假文凭者竟达到总清查人数的 20%。

第四条：学历门槛严重影响着高等教育的质量。既然取得了某种文凭就具备了成为国家公务员的基本条件，那么学习本身就退居次要地位了。这样一来，造成了大学生经常旷课，函授生只要交费、注册，再加上设法考试过关就行，考试作弊现象到处蔓延，严重影响了高校教学质量，尤其是继续教育的质量。

第五条：学历门槛排斥了一些有真才实学的人。出于种种原因，没有接受过大学教育以及没有完成大学学业的人现在依然很多，但是这并不能证明这些人不具有管理才能。

第六条：学历门槛不符合宪法所倡导的人人平等的精神。我国宪法规定，全体公民在法律面前一律平等。因此，公民在参加公务员考试时不应受到学历限制。

"我劝天公重抖擞，不拘一格降人才。"从公务员招考开始，取消学历门槛，国家党政部门带头，对于企业和其他部门打破学历社会与文凭至上的弊端，无疑是最好的突破口。同时，我们也期待重点企业能够学习苹果、谷歌等国际著名跨国公司的做法，降低学历门槛，形成唯才是举的风尚。

当一个社会，不再以学历、文凭，不再以出身、门户来选人、用人时，人们就不会不择手段、耗费精力地读无用之书，做无用之功，写表面文章，镀学历之"金"。全社会的教育生态也会更加健康，教育焦虑也会随之下降。

或许有人会问，取消学历和文凭的"信号"功能，我们还有没有办法衡量人才呢？

记得北京四中的老校长刘长铭先生曾经感慨地告诉我，他们学校最优秀的学生，几乎都在高考前被世界名校割韭菜一样割走了。他们一直很纳闷，人家没有看高考成绩，为什么看人看得那么准呢？类似的情况在其他学校也经常发生。其实，完全是可以找到鉴别人才的方法的。只是，用一个分数、一张试卷、一个文凭，是最简单、最省心的方法，貌似也是最公平的方法。

很多人认为，在现有情况下，高考是最公平的人才选拔办法，文凭是最可靠的人才选聘办法，其实，这也是"懒人懒政"的体现。为什么世界著名企业放弃了按照文凭招聘人才的办法？为什么美国的常春藤联盟学校提出大学录取不再看"高考"成绩？

虽然在很长一段时间，我们不会取消高考，不会放弃学历与文凭的作用，但是，尽可能地弱化学历与文凭的"信号"功能，尽可能不将学历与文凭同人才招聘、工资待遇等挂钩，无疑是今后教育改革与社会发展的方向。

第八章

观念的减法：教育的减法是否会降低国家竞争力？

课程太多、负担太重、学制太长的问题，早就有人呼吁，并不是今天才有的问题，只是从来没有像今天这样让社会不安，让父母如此焦虑。教育主管部门也可能会担心教育的减法会不会妨碍义务教育制度的落实，会不会降低国家在全球范围内的人力资源竞争力。

在这一章，我先从中国现代的减法教育观念开始，最后以联合国教科文组织半个世纪以来教育观念的改变结束，中间会就教育部门人士担心的两个观念问题进行详细的探讨。

1. 中国现代的减法教育观念

除了陶行知先生，中国现当代许多有识之士都呼吁过教育的减法。

1896 年，梁启超在《时务报》发表了《变法通议》，其中专门讨论了教育问题，认为幼儿教育在人的发展中起着非常关键的作用，"人生百年，立于幼学"，主张要关注儿童的兴趣与健康，不要把学习的时间安排得太满，主张"日授学不过三时，使无太劳，致畏难也。不妄施扑教，使无伤脑气，且养其廉耻也"。①

1917 年，青年学生毛泽东在《体育之研究》中就呼吁改革学制，减少课程："吾国学制，课程密如牛毛，虽成年之人，顽强之身，犹莫能举，况未成年者乎？况弱者乎？观其意，教者若特设此繁重之课以困学生，蹂躏其身而残贼其生，有不受者则罚之。"②

1921 年，毛泽东在《湖南自修大学创立宣言》中猛烈抨击了旧学校的三大害处，其中之一就是"钟点过多，课程过繁。终日埋头于上课，几不知上课以外还有天地，学生往往神昏意怠，全不能用他们的心思为自动自发的研究"。这扼杀

---

① 陈学恂主编：《中国近代教育文选》，人民教育出版社，2001 年版，第 148~149 页。

② 毛泽东：《体育之研究》，《新青年》，1917 年 4 月 1 日第三卷第二号。当时所署的笔名为"二十八画生"。

了学生在学习上的主动性、创造性，窒息了学生的智慧和才能，十分不利于学生的个性化发展。为此，毛泽东主张"创造新学校，施行新教育"①。

1950 年，新中国成立不久，教育部长马叙伦先生（他也是中国民主促进会的创始人之一）主持召开了第一次全国高等教育会议。会议期间，他看到一份反映学生健康水准有所下降的报告，非常着急，便在会议休息时报告了毛泽东，毛泽东立刻指示："健康第一。"几天后，毛泽东又致信马叙伦说："此事宜速解决，要各校注意健康第一，学习第二。营养不足，宜酌增经费。学习和开会的时间宜大减。病人应有特殊待遇。全国一切学校都应如此。"同年 8 月召开的政务院第90 次政务会议，讨论通过了《关于改善各级学校学生健康状况的决定》。②

1957 年，毛泽东要求省、地、市三级第一书记要管好"教材要减轻，课程要减少"一事，把第一书记作为减负的第一责任人。同年 3 月 7 日，他在与省市教育厅长、局长座谈中小学

---

① 高世琦：《中国共产党干部教育世纪历程》，党建读物出版社，2013 年 3 月版。
② 民进中央宣传部：《民进前辈和中共领导人交往的动人故事》，载于《团结报》，2021 年 7 月 1 日。

教育问题时，再次明确提出"教材要减轻，课程要减少"。

1964年2月13日，毛泽东在教育工作座谈会上指出："现在课程多，害死人，使中小学生、大学生天天处于紧张状态。课程可以砍掉一半。学生成天看书，并不好，可以参加一些生产劳动和必要的社会活动。""学制可以缩短。""课程多、压得太重是很摧残人的。学制、课程、教学方法、考试方法都要改。"[①]

学制要缩短，基础在于课程要改革。毛泽东对于课程改革提出了明确的意见："我看课程可以砍掉一半，学生要有娱乐、游泳、打球、课外自由阅读的时间。"

学制要缩短，关键在于考试要改革。毛泽东对于考试出难题偏题怪题的做法提出了严厉批评。他指出："现在的考试，用对付敌人的办法，搞突然袭击，出一些怪题、偏题，整学生。这是一种考八股文的方法，我不赞成，要完全改变。"

1965年7月3日，毛泽东在阅读了《北京师范学院一个班学生生活过度紧张，健康状况下降》的材料后，给中宣部部长陆定一写信："学生负担太重，影响健康，学了也无用。

---

① 毛泽东1964年2月13日在春节座谈会上的讲话，刊于《毛主席论教育革命》，人民出版社，1967年版。

建议从一切活动总量中，砍掉三分之一。请邀学校师生代表，讨论几次，决定实行。如何请酌。"要求通过减少课程，促进学生身体健康和心理健康。12 月 21 日，毛泽东在杭州的一次会议上指出："现在这种教育制度，我很怀疑。从小学到大学，一共十六七年，二十多年看不见稻、粱、菽、麦、黍、稷，看不见工人在怎样做工，看不见农民怎样种田，看不见商品怎样交换，身体搞坏了，真是害死人。"[1]教育要革命，学制要缩短，是毛泽东教育思想中值得关注的重要观点。

外国评论家认为，现代中国有两个教育家，一个是毛泽东，一个是陶行知。这个说法可能有偏颇，但是，毛泽东对于传统教育问题的敏锐发现、大声疾呼并且试图变革，无疑是有积极意义的。

2. 教育的减法不会妨碍义务教育制度的落实

现代工业化的生产需要具有基本读写算的能力，而资产阶级革命对于人权的呼唤之中，教育权也是重要的内容。因

---

[1] 李永贤：《毛泽东的学生"减负"观：健康第一、学习第二》，载于《中国教育报》，2004 年 1 月 18 日。

此，诞生了具有一定强制意义的义务教育制度。

义务教育制度设计的一个重要前提，就是把学习作为就业的准备，把学校作为人们接受教育的唯一场所，把接受教育的年限作为衡量人们学习水平的标志。人均受教育年限，也因此成为现代化国家的重要指标。

问题在于，这样的假设，其实一开始就有问题。

首先，学习虽然为就业提供了基础，尤其是过去学校的专业按照企业和机构的工种等设置，学以致用的特征非常明显，但是所有的职业知识与技能本身也在不断变化发展之中，时代越是发展，职业变换速度也就越快，发达国家人均一生变换职业的种类已经超过 10 种，学校教育无法为职业进行精准到位的准备。

其次，学校不再是人们学习知识、技能，接受教育的唯一场所。在传统社会，教育资源极其有限，人们需要到一个集聚了社会教育资源的场所去接受专门的教育。而在现代社会，教育资源已经泛在化，人们时时处处可以得到知识和信息，得到教育资源。在家学习，通过互联网学习，通过各种媒体学习，都已经非常便捷，甚至效率更高。

邓小平在 1974 年会见一个美国的大学代表团时曾说：

"我没有上过大学，但我一向认为，从我出生那天起，就在上着人生这所大学。它没有毕业的一天，直到去见上帝。"傅高义在写下这一事例之后评价说："邓小平终其一生都在不断学习和解决问题。他引导着中国的转型——一个摸着石头过河的过程，使得这个国家和他1978年接手时相比，变得几乎难以辨认。"应该说，傅高义的分析是很有道理的。原则上来说，人的知识体系是自我建构的，学校里学习的知识，如果没有自我建构的过程，就要还给老师、还给学校。

卡普兰在分析这种现象的时候也指出，在学校里，每个孩子都必须学习老师喜欢的科目，然后教育者根据学生对材料的掌握程度对他们进行排名。之后，学生们很快就忘记了他们学到的大部分东西，因为"他们再也不需要知道它了"①。

最后，在传统社会，学历是硬通货，接受教育的年限是衡量人们学习水平的重要参照系。其实，"学历"与"学力"是两个不同的概念，接受教育的年限与人们的认知水平、工作能力并不成正比。

因此，义务教育的质量，不是通过教育的年限决定的，

---

① Bryan Caplan. *The Case Against Education: Why the Education System Is a Waste of Time and Money*. Princeton University Press，2019，P.12.

而是应该通过国家教育标准，通过国家对公民教育素养的规定，通过对公务员的要求以及企业对于员工的素养要求来实现。至于学生从什么时候开始学习、通过什么途径学习、学习多长时间，可以不必规定得太死。

3. 教育的减法不会降低国家的人力资源竞争力

现代国家之间的竞争，很重要的是人力资源的竞争。这就是为什么很多国家都在努力建设人力资源强国。

我们知道，首次把人的经验、知识、能力看作国民财富的重要内容、发展生产的重要因素的，是英国人亚当·斯密，温家宝同志曾经六次推荐其著作。

亚当·斯密，是18世纪英国古典经济学的杰出代表，在我们清朝雍正年间出生于英国苏格兰。他不仅是经济自由主义学说的创始人，也是现代经济学的奠基人，以他为代表的古典经济学家群体，认为自由竞争制度是最佳的经济调节机制，他被誉为"现代经济学之父"。

温家宝向中国人推荐的亚当·斯密的著作是《道德情操论》，而真正奠定斯密"现代经济学之父"地位的是他的《国富论》。在这本书中，他不遗余力地批判了"要想经济成功，必须大量储备贵金属"的旧观念。这种旧观念认为，欲大量储备贵金属，必须由政府管制农业、商业和制造业，垄断对外贸易，通过高关税等贸易壁垒保护国内市场，利用殖民地为母国制造业提供原料和市场。亚当·斯密在《国富论》中激烈地批评了这种旧观念，告诉人们自由贸易远比国家干预重要，劳动才是最重要的，劳动分工能大幅提升生产效率。[①]

在论证劳动分工提高生产效率的时候，亚当·斯密指出了早期人力资本理论，强调教育对于个人经济受益的价值。他说："人类的才能与其他任何种类的资本，同样是重要的生产手段。"在亚当·斯密看来，教育和训练具有经济意义。他指出："学习一种才能，须受教育，须进学校，须做学徒。所费不少。这些才能，对于他个人自然是财产的一部分，对于他所属的社会，也是财产的一部分。工人增进熟练程度，可和便利劳动、节约劳动的机器和工具同样看作社会上的固定资本。学习的时候，固然要花一笔费用，但这种费用，可以得到偿还，赚取利润。"他的观点为各个国家普及义务教育提

---

① 亚当·斯密著，郭大力、王亚南译：《国富论》（全2卷，全译本），商务印书馆，2014年版。

供了重要的理论根据，也为各个国家延长教育年限找到了重要理由。

1979 年诺贝尔经济学奖得主西奥多·舒尔茨是正式提出人力资本理论并对经济发展动力做出全新解释的经济学家。20 世纪 60 年代初，舒尔茨在美国经济学第 73 届年会所做的"人力资本投资"的演讲，被视为人力资本理论创立的标志。他在长期的农业经济研究中发现，促使美国农业产量迅速增长的重要原因已不是土地、劳力或资本存量的增加，而是人的技能与知识的提高。而且，人力资源的提高对经济增长的作用，远比物质资本的增加重要得多，他强调的是教育对经济社会发展的重要贡献。

如今，世界上主要发达国家都在努力维持 12 年的基础教育，俄罗斯等国还在考虑延长免费教育的年限。其中，既有教育改革本身的困难，也有彼此紧盯、不甘落后的教育竞赛的重要内容。

过去，网上流传一个段子，说 A、B、C、D、E 五个国家的人在巴基斯坦卡拉奇某个蔬果市场偶遇。看着眼前琳琅满目的水果，从热带的杧果到温带的苹果，应有尽有，大家根据自己的数学知识算计着怎么发财。

A 国人对比印度、中国市场的行情算账，结论是巴基斯坦果蔬生意无利可图。

B 国人不仅计算了自己国家的关税，还计算了灰色清关费用能将实际关税成本降低的数额，得出进口巴基斯坦水果卖到 B 国能赚 5 倍的暴利。

C 国人算得最精、最细，还是正道生意，除了欧洲几个富裕的水果进口国，全球完全违约风险平均数是 30%，每三单生意有一单收不到钱，如果每单生意赚不到 330% 的利润，贸易商就生存不下去，考虑到互联网背景下水果进口国价格敏感型消费者占比及其购买进口水果意愿的概率，再对比巴基斯坦餐饮业物料成本与税率，最终决定利用巴基斯坦水果物料在当地开个餐饮连锁店。

D 国人计算了伊拉克的人口、市场缺口、关税、苹果进出口差价，假设委托贸易商，把水果卖到伊拉克，扣除佣金、税金和空运成本，仍然有利可图，跟教授年薪差不多。

E 国人计算能力最差，差到完全听不懂各国友人在说什么。为了挽回面子，回国游说风险投资公司，在巴基斯坦开罐头厂，做水果罐头。

3 年后，我们再看谁是英雄？

段子手说，A 国人啥生意没做，一分钱没赚，一分钱没赔，轻轻地挥一挥衣袖，没带走半片云彩，两手空空回到卡拉奇。D 国人被伊拉克贸易商坑了，亏掉血本，铩羽而归，回到卡拉奇。B 国人因为行贿坐牢，根本回不了卡拉奇。C 国人的餐饮小店开成了连锁店，成了卡拉奇街头一道亮丽的风景线。E 国人的罐头厂给亚洲多国供应果蔬罐头，年利润过亿，E 国人是最大的赢家。

有人说，这个段子是"数学不好"的 E 国人编的，用来自嘲的。我猜，可能是奥数高手编的，也是用来自嘲的。多年以来，E 国人在物理学、化学、经济学等科学领域大奖不断，而这些"硬科学"奖项都离不开数学，但是，E 国学生的数学成绩远不如其他国家，计算能力差到上大学加减乘除还要打开计算器。据说，前些年，有任 E 国总统对该国中小学生的计算能力远差于中国等国家的中小学生而忧心忡忡，还以此为例思考如何提高该国的教育水平。

我举这些例子、说这些段子，不是为了推翻人力资源国家竞争理论，而是想说，实施减法教育、降低学习难度不会导致国家竞争力的下降。"双减"政策出台之前，我们的中小学基础教育实在过于"内卷"。把学生锻炼成"孔乙己"那样知道"茆"字有四种写法的学生，真的有意义吗？

几年前，我看过丁玖教授的一篇文章——《一元二次方程不会解，美国大学生到底是不是比中国大学生差？》，文中他举出自己亲身经历的在国内大学给学生布置数学作业的例子，感慨沉迷于高考导致学生的"不善于思考性"。丁教授先在南京大学留校任教，后在美国南密西西比大学担任数学教授，经历过中美两个国家的教育，他写下这篇文章，希望国内教育能够让学生明白考试不是人生的目的，希望中国的基础教育不要让中国的学生花费大量时间像机器一样做习题，做无用功。

4.50 年来联合国教科文组织教育观念的变化

进入工业社会之后，教育的对象拓展了，义务教育制度的出现，使全员受教育，读写算的能力是教育很重要的部分，这些读写算的能力主要是为了适应机器化生产，更多的也是从国家的角度来考虑的，但是整个内容的设计很少是为了个人的需要。学习者也没有决定自己学什么的权利。

从信息社会开始，随着人本主义思潮的影响和工业化教育弊端的显露，人们越来越开始关注个人的需要。但是，进入 21 世纪以来，这种关注已经开始从个人走向社会，走向人类命运共同体，乃至于走向整个地球生态。这一点，我们从联合国教科文组织的几个重要文件就可见一斑。

1972 年，联合国教科文组织发布了题为《学会生存：教育世界的今天和明天》的报告[①]，提出了"学习型社会"和"终身教育"的概念。这两个概念给我们什么启示呢？也就是说，学习内容已经不是简单地在学校就能学全，学习是终身的事情。这个文件又被称为《富尔报告》，我们用差不多半个世纪的时间，才把报告中讲的终身教育的理念逐步变成终身教育的实践。

1996 年，联合国教科文组织发布了题为《教育——财富蕴藏其中》的报告[②]，提出了教育的四大支柱——学会认知、学会做事、学会生存、学会共同生活。这对传统的教育内容又提出了一个更加鲜明的改造，强调做事、生存、共同生活等。这份报告又被称为《德洛尔报告》，"四个学会"是

---

① 联合国教科文组织国际教育发展委员会编，华东师范大学比较教育研究所译：《学会生存：教育世界的今天和明天》，教育科学出版社，1996 年版。

② 联合国教科文组织总部编，联合国教科文组织总部中文科译：《教育——财富蕴藏其中》，教育科学出版社，2001 年版。

在教育领域里非常重要的变革，它打破了知识中心的教育格局。其实，现在整个教育内容里依然没有真正实现这"四个学会"，如果这"四个学会"成为教育内容，学生还不感兴趣吗？关键是教育没有把它落到实处，联合国教科文组织也只是倡议，没有直接的教育权。

2015 年，联合国教科文组织又发布了题为《反思教育：向"全球共同利益"的理念转变？》的报告[①]，重申人文主义教育观，提出"教育作为全球共同利益"的愿景。

到了 2021 年 11 月 10 日，联合国教科文组织又发布了一个非常重要的报告——《一起重新构想我们的未来：为教育打造新的社会契约》。[②]

联合国教科文组织总干事阿祖莱在全球发布会上讲述了这一报告的重要背景："如果有什么东西将我们聚集起来的话，那就是我们当下的脆弱感和对未来的不确定感。"这份报告由"教育的未来"国际委员会负责起草，从委员会成立、征集意见、起草到公布历时两年多。

---

① 联合国教科文组织总部编，联合国教科文组织总部中文科译：《反思教育：向"全球共同利益"的理念转变？》，教育科学出版社，2017 年版。

② 联合国教科文组织总部编，联合国教科文组织总部中文科译：《一起重新构想我们的未来：为教育打造新的社会契约》，教育科学出版社，2022 年版。

报告认为，世界正处于一个新的转折点。在追求经济增长和发展的过程中，人类活动已超出自然环境的承载能力，并反噬到人类自身的生存上。日新月异的科技正在波澜壮阔地改变我们的生活，但科技创新并没有充分推动人类社会的公平、包容，我们需要重新构想"为何学、怎样学、学什么、在哪儿学和何时学"，为当前和子孙后代负责。加剧的社会和经济不平等、气候变化、生物多样性丧失、资源利用超越地球边界、以数字技术为代表的颠覆性技术，特别是新冠肺炎疫情，让我们敏锐地意识到，在我们共同生活的星球上，人与人是彼此联系的，是时候携手合作了。

这份报告有着非常深刻的内容。其中特别强调教育的两个方面，主张在考虑一个人的终身教育权的基础上，要强调一种新的教育社会契约，强调教育作为一项公共行动和一种公共利益的功能。这个报告虽然有两个方面的要义，但更重要的是强调了生态主义的教育观，它超越了传统的人文主义，这是教育哲学的一个新的变化。

报告指出，"地球正处于危险之中，但去碳化和经济绿色化已在路上。儿童和青年已经在行动，他们呼吁采取有意义的行动，并严厉谴责那些对人类面临紧急情况视而不见的人"，"学校应成为实现可持续发展和碳中和目标的典范，以塑造我们所期望的未来"。①

过去我们所有的教育都是以人为中心的，认为人是这个世界最重要的存在，而这份报告特别强调人和生态同样重要，人的生命和其他的生命同样重要，我们在教育过程中怎么更加重视环境、重视生态、重视人类社会的可持续发展，是未来教育非常重要的走向。

联合国教科文组织每25年都要组织世界顶尖学者研究未来教育的发展趋势，发布一个著名的研究报告，提出关于教育的呼吁和倡议。这些呼吁和倡议能否成为各个国家的教学内容，仍然需要相关国家的教育行政部门最终决定。但是，联合国教科文组织思考教育问题的演进过程，是值得我们关注的。教育变革，如果没有先进的理念指导，只能是盲人瞎马。

---

① 中国常驻联合国教科文组织代表团：《联合国教科文组织发布全球性报告——共同重新构想我们的未来》，载于《中国教育报》，2021年11月11日；张民选、卞翠：《教育：从"学会生存"到"社会契约"》，载于《中国教育报》，2021年11月11日。

第九章

父母的减法：让孩子成为更好的自己

美国加州大学伯克利分校心理学与哲学教授艾莉森·高普尼克在她的《园丁与木匠》一书中批评说，很多教养方式都侧重于让孩子学得"更多、更好、更快"。教养模式也是大部分教育的默认模式，"即成人把孩子应该知道的东西教给他们，并由此塑造他们的想法和行为"。她认为，这样的想法看起来好像理所当然，但并不符合科学道理和历史规律。①

的确如此，我们的教育一直是成人中心主义的价值观，教育的内容是由成年人决定的，教育的效果也是由成年人评定的。成年人把他们认为最重要的东西强加给孩子们，认为这是他们今后需要的东西，而不考虑孩子们喜欢不喜欢、需

① ［美］艾莉森·高普尼克著，刘家杰、赵昱鲲译：《园丁与木匠》，浙江人民出版社，2019 年版，第 10 页。

要不需要。他们认为，最好的教育就是把那些他们认为最重要的东西学得"更多、更好、更快"。为了这样的多、好、快，老师与老师、学校与学校进行紧张的"竞赛"，而父母又为这个竞赛推波助澜，最后牺牲的就是孩子们玩耍和休息的时间。正如高普尼克指出的那样，"尽管几乎每个人都认为孩子应该有玩耍的时间，但是当我们开始规划孩子的生活时，玩耍时间是最先被舍弃的"。没有玩耍和游戏，就没有真正的童年。玩耍和游戏就是儿童的工作，玩耍和游戏是创造性工作的基础，专注、合作、智慧、热爱，是游戏和工作都需要的品质，而这些在单一的学习中，在紧张的刷题中是无法获得、无法形成的。她批评当下的教育体系让孩子们"有一张列满了应该要做的一长串活动的清单"，弄得他们根本没有多少时间玩耍和游戏，这明显是不符合儿童的天性，也不符合儿童身心发展的规律的。童年，就像一幅精彩的山水画，是需要留白的，是需要空间的。

在这个社会经济不断发展，物质产品极大丰富的时代，我们的父母如何做减法，如何防止给孩子的情感太满、物质太满、要求太满，如何做好家庭教育的减法，仍然是一个非常重要的课题。正如《减法》作者在中文版自序中说的那样，在他看来，中国的"内卷"与美国竞争激烈的精英制度有很大的相似之处。"在这两种情况下，良性竞争都偏离了正轨，变成了为竞争而竞争，工作变得永无止境——我们拥有的越多，要做的事情也越多。这还不仅仅是工作上的问题。我们把孩子的日程也安排得满满当当的，而且还想寻求机会让他们做更多的事情。"① 他特别提出，美国有很多的亚文化圈，可以让一些美国人有机会置身于这一旋涡之外。但对于中国人来说，就可能成为"自我鞭挞的无休止的循环"。其实，即使在中国，我们也是有其他选择的，也是可以通过做减法来缓解"内卷"带给我们的无助感的。

1. 减少对教育的焦虑，拥有一颗平常心

全社会对教育的焦虑，已经成为中国教育的一个突出问题。

2021 年 10 月 23 日，第十三届全国人大常委会第三十一次会议表决通过了《中华人民共和国家庭教育促进法》后不

---

① ［美］莱迪·克洛茨著，杨占译：《减法》，中信出版集团，2021 年 8 月版，中文版自序。

久,《中国青年报》社会调查中心通过问卷网（wenjuan.com）对 1 149 名未成年人的父母进行了一项调查，结果显示，80.7% 的受访父母平时在家庭教育上困惑很多，94.7% 的受访父母期待此法能帮助自己缓解教育焦虑。

报道中提到一位曾在北京一家教育机构工作的张女士。她深有体会地说，虽然现在父母的文化水平普遍提高了，也都更重视孩子的教育，但在家庭教育上有困惑的人反而更多了。"我们小时候，父母好像并没有太在意教育，我们也都自然而然健康长大了。现在，家长们看书、听讲座、找人咨询，在家庭教育上花费了很多心力，困惑却更多了。经常听到家长说，养孩子感觉如履薄冰，尤其是孩子青春期出现问题时，说轻了怕不管用，说重了怕伤自尊，尺度特别不好拿捏。"①

其实，从心理学的角度来看，焦虑就是欲望和行动力之间的差距。对于父母来说，欲望可以看成对孩子的期望值，行动力可以看成家庭的教育能力。因此，要降低焦虑无非就是缩短两者之间的差距，要么降低对孩子的期望值，要么提升家庭教育的行动力。

---

① 《94.7% 受访家长期待家庭教育促进法缓解教育焦虑》，载于《中国青年报》，2021 年 10 月 28 日 。

一方面，是要建立合理的期望值。父母一定要从孩子的实际出发，尊重孩子身心发展的特点和个人具有的潜能。有人说："天才是选择了适合他的道路，蠢材就是选择了不适合他的道路。"父母要了解和理解孩子，不要对自己的孩子抱有不切实际的幻想，不要用"邻居家的孩子"来要求自己的孩子，要学会接纳孩子的不完美。北京金融街润泽学校总校长刘长铭认为，今天父母的焦虑是唯恐自己的孩子在技能方面被别人家的孩子赶超，认为被别人超过了，就是输在了起跑线上。其实，输赢不会在起跑线上进行评定，"而要想想孩子在一万米、两万米以后会不会掉队，在 10 年后、20 年后，还能不能顺应这个快速变化的世界和社会"①。一个人不被社会淘汰的关键和前提，不是看他在学校考试得多少分，因为很多知识在考完以后很快会被遗忘。这些书本知识，也可能很快就会过时。

学会接受和悦纳自己的孩子，降低期望值，建立合理的期望值，接受孩子的"平庸"是克服焦虑的良方。北京大学的丁延庆教授和妻子都是北京大学的高才生。丁教授一开始

① 《"不提作业母慈子孝，一提作业鸡飞狗跳" 走出家庭教育的焦虑怪圈》，载于《中国青年报》，2020 年 12 月 21 日。

也像所有"鸡娃"的父母一样，不相信两个"学霸"会培养出一个"学渣"，拖着孩子学习，不断给孩子打"强心针"，结果是一家人痛苦不堪，焦虑到整夜睡不着觉。后来，他认识到每个孩子都是不一样的。真正接受了自己的孩子的平庸之后，如释重负的丁教授说："我教孩子逆天改命，她却教我学会认命。"①

另一方面，是要提升家庭教育的行动力。行动力来自科学知识。家庭教育是一门科学。传统家庭教育主要依靠代代相传的经验。在社会比较稳定，没有发生很大变化的时代，经验是有用的。但是，在社会急剧变化、环境急剧变化，且家庭结构和生活方式都发生很大变化的情况下，过去的经验就无济于事了，老方法不管用，新方法不会用，家庭教育的知识恐慌，也是产生焦虑的重要原因。要提升家庭教育的行动力，就需要父母的继续学习，学习儿童心理发展的理论，学习教育心理学的理论，学习科学教育有效教养的理论。理性的父母就不会焦虑。

---

① 《北大教授的"神吐槽"，我教会孩子逆天改命，她却让我听天由命》，教育一角，2021年8月9日。

2.减少对孩子的压力，让孩子阳光灿烂

中国科学院心理研究所《中国国民心理健康发展报告
（2019~2020）》显示，2020年青少年抑郁检出率为24.6%，其
中重度抑郁的检出率为7.4%。

中小学生常见的情绪障碍主要包括自卑、抑郁、恐惧、
焦虑、过度紧张等。据相关调查，33%的小学生、41%的初
中生、68%的高中生有较大的情绪波动，而42%的小学生和
51%的中学生心理脆弱，对挫折的抵抗力较差。一部分中小
学生因为抗压力差导致了一些悲剧的发生。

父母能否少给孩子一点压力呢？

讲到压力，很多父母的第一反应就是："井无压力不出
油，人无压力轻飘飘。"看似很有道理，可是为什么很多孩子
在压力之下走上不归路呢？

我们不妨看看"弹簧"的工作原理。的确，任何一根普
通的弹簧，要正常工作就都需要压下去，再充分弹起释放压
力；再压下去，再弹起释放压力。但是，如果一直不停地压，
或者压力过大超过弹簧本身的承受力，结果就是要么变形，
要么直接压坏、压断，再也弹不起来。

有人研究过压力过大对中小学生身心发展的负面影响。

首先，压力过大会影响孩子的生长发育。孩子长时间压力太大，处于焦虑的情绪当中，会引起内分泌功能紊乱，影响生长激素的分泌，从而影响孩子的身高。

其次，压力过大会影响孩子的免疫力。因为人的情绪和免疫系统之间，有着特殊的关系，如果孩子长期处于紧张的情绪当中，会出现四肢乏力、腰酸腿痛的现象，还有精神倦怠、失眠多梦等情况。

再次，压力过大会导致孩子身体上的疾病。现在的中小学生为什么很容易患胃病、头疼等疾病？因为胃是最直接的情绪感受器官。一旦紧张，胃就会收缩，甚至痉挛。人们的肠胃会出现炎症、溃疡、萎缩等问题，也容易罹患心脏病、高血压、脑出血等疾病。

最后，压力过大会让孩子滋生消极情绪。压力太大、学习紧张的学生经常会觉得焦虑、抑郁、孤独、内向、闷闷不乐，从而孩子的自制力也会下降，变得懒惰、"躺平"，情绪也很容易激动，容易生气、发怒，甚至发生离家出走、自残、轻生等行为。

总之，适度的压力和紧张对于孩子完成学习任务具有一定的作用，问题在于，我们大部分父母把孩子当作永远压不坏的弹簧，当作不断加压可以出油的油井，导致现在的很多孩子长期处在压紧或长期压力过大的状态，最后只能有一个结果——崩溃。

因此，作为父母，为了避免孩子的身心健康受到伤害，一定要尊重孩子的成长规律，不要给孩子不断加压，而是应该尽可能地为孩子减压，多陪孩子走进大自然，参加各种有益健康的活动，让孩子释放压力，阳光灿烂地生活。父母平时一定要多关注孩子，在孩子承受压力后，及时对孩子进行干预和引导，以免孩子的压力过大。

3. 减少对孩子的帮助，让孩子自立自强

2021 年 2 月 11 日，在河南焦作市新教育实验区发生了一件让人们交口称赞的事情。

该市山阳区富康路学校六年级学生程洁，在除夕之夜下厨给父母做年夜饭，从洗、切到炒、蒸，全是他一个人操刀完成的，做了九菜一汤。

一时间，程洁成为小有名气的"网红"。人们纷纷称赞他小

小年纪就懂得感恩，而程洁的母亲则归功于富康路学校"把孩子教育得特别好"。我们无法得知程洁的这一手厨艺是从哪里学来的，但毫无疑问的是，父母的信任与放手是重要的原因之一。他如果像其他小学生一样，过的也是"衣来伸手，饭来张口"的生活，从来没有独立完成过烧饭做菜，即使主动请缨做年夜饭，父母也未必能够安心放心。他这一手绝活，估计或者是父母手把手教过，或者是自己偷师学艺练过，而且平时烧饭做菜的厨艺也得到过父母的认可。一句话，得益于父母的放手。

在减少对孩子的帮助方面，被誉为"民国老丈人"的宋嘉树（宋耀如）堪称楷模。他的六个子女每一个都是20世纪呼风唤雨的风云人物：长女宋霭龄、次女宋庆龄、三女宋美龄，长子宋子文、次子宋子良、三子宋子安。他认为，爱孩子的关键是为孩子的未来负责，必须从小培养孩子的自立精神。在孩子学步摔倒的时候，他不是把孩子扶起来，而且鼓励孩子跌倒了别哭，自己爬起来再走。有朋友说他这样做是"开孩子们的玩笑"，他则严肃地回答："这不是玩笑，这是人生之路的第一步，将来在社会上闯世界，全靠这第一步啊！"

在日常生活中，父母对孩子的帮助无处不在，许多帮助超出了底线就成为越俎代庖。比如有些父母连吃鸡蛋剥蛋壳的事情都代劳，导致孩子独立生活时，居然不知道如何剥蛋壳；有些父母帮助孩子完成各种手工作业，导致孩子的动手能力严重下降；有些父母从未让孩子学习过烧饭做菜，导致孩子成家后天天靠点外卖过日子。

儿童教育家陈鹤琴先生对此有过精辟的论述："凡是儿童自己能够做的，应该让他自己做；凡是儿童能够自己想的，应该让他自己想。"陶行知先生对此也说过："我们德育上的发展，全靠着遇了困难问题的时候，有自己解决的机会。所以遇了一个问题，自己能够想法解决它，就长进了一层判断的经验。问题自决得越多，则经验越丰富。若是别人代我解决问题，纵然暂时结束，经验却也被旁人拿去了。"[①]因此，儿童的发展，无论是身体的还是品德的，都必须依靠他们自己的活动。让他们自己去发现问题、解决问题非常重要。人只有在解决问题的过程中才能成长起来，成熟起来。儿童的世界不是由大人们造好了以后，交给他们享受。儿童的世界要他们自己动手去创造。对儿童的帮助是需要的，但是要尽可能减少，只有减少对孩子的帮助，才能真正让他们自立自强。

---

① 方明主编：《陶行知全集》第 1 卷，四川教育出版社，2020 年版，第 27 页。

4. 减少对孩子的干涉，让孩子自由成长

在现实生活中，我们经常可以看到一些父母总是对孩子喋喋不休，事无巨细，样样过问，从头管到脚，认为孩子"还小""不懂事"，什么事情都要插一手，不肯放手让孩子独立去做。孩子做任何事情，他们总要站在身后指指点点道"应该这样，不应该那样""这样不行，那样才可以"。

2012 年，《中国青年报》社会调查中心对 3 328 人进行了一项关于上述干涉子女情况的调查。[①] 结果显示，76.5% 的人表示身边过度干涉子女的父母很多，其中 32.4% 的人认为"非常多"。90.2% 的人感觉父母的这种做法会给子女带来很大的压力。受访者中，"70 后"占 29.7%，"80 后"占 41.1%，"90 后"占 6.5%。

父母最容易在哪些方面干涉子女？调查中，排在首位的是"谈恋爱结婚"（78.2%），其次是"找工作和职业发展方向"（60.2%）。其他依次是：选择学校（59.3%）、选择专业（54.1%）、衣食住行等日常生活（42.5%）、培养下一代

---

① 《中国父母过度干涉子女生活　9 成人称会带来压力》，载于《中国青年报》，2012 年 12 月 11 日。

（37.7%）等。

过多干涉孩子对于他们的成长无疑会造成不良的影响。调查中，71.9% 的人认为父母过度干涉子女，会导致孩子产生逆反心理；64.6% 的人认为可能会让孩子形成自卑、怯懦、没有主见的性格；64.2% 的人认为会导致孩子承受压力过大，影响其身心健康；53.8% 的人认为可能导致孩子走上不适合自己的人生道路。

关于父母过度干涉子女的原因，除了"望子成龙"等传统观念的影响外，还有三个重要的原因：一是没有意识到孩子的人格尊严和独立性，觉得自己在经济和物质上给孩子帮助、支持，就有权支配子女的一切；二是全社会的教育焦虑加剧了父母的不安全感，导致父母对孩子进行强制性保护；三是父母过于相信自己的智慧和能力，认为自己吃的盐比孩子吃的饭还多，为孩子指路定调不仅是天经地义的，而且可以帮助孩子少走弯路。

在这方面，"90后"中国科学技术大学特任教授陈杲之父陈钱林有着深刻的体会。他把自己的家教秘诀概括为六个字：自律、自学、自立！自律，就是抓习惯，让孩子明白道理，自己把自己管起来。自学，就是培养自学能力，寻找适合自己的最佳的学习方式。自立，就是独立人格，培养积极向上的内心精神世界。

陈钱林深有体会地说："人生的路要让孩子自己走。孩子的成长正如爬山，我们大人给他指出来，从哪一条山路走比较好，这是宏观上的扶。孩子走路摔倒了，我们把他扶起来，这是微观上的扶。但是，扶的目的是放。如果怕孩子辛苦，抱着他，走到山顶，即使走得最快，又有什么意义呢？"

5. 减少对孩子的批评，让孩子拥有尊严

表扬与批评，是教育孩子时经常采用的两种方法。从心理学的角度来看，表扬和批评都属于强化或反馈。表扬是正强化或正面反馈，即通过赞扬去正面肯定强化一个人的行为，鼓励他下次继续重复此行为。批评是负强化或负面反馈，即通过批评去负面否定一个人的行为，禁止或者减少类似的行为发生。

古人云："教子十过，不如奖子一长。"也就是说，在教育孩子的过程中，应该以正面强化为主，多表扬、少批评。少批评不是否认对错误、缺点和过失的批评，甚至惩罚，而

是要掌握批评的分寸，不要过多、过滥。

但是，在现实生活之中，我们的家庭教育往往还是批评过多。许多父母扮演的是教育警察的角色，孩子们的许多卓越表现他们觉得是理所应当的，而稍有错误则马上抓住不放，批评惩罚。很多父母尊崇"棍棒底下出孝子"的传统教育理念，认为"鞭子本姓竹，不打书不读""不打不成才，一打分数来"；很多父母认为孩子就是"轻骨头"，一表扬就会翘尾巴，而只有严厉的批评才能让他们感到内疚、痛苦、悔恨，从缺点、错误中吸取教训，不再重犯。殊不知，过多地批评孩子，不仅会伤害孩子的自尊心和自信心，而且会造成孩子的自卑心理，或者放弃、"躺平"，或者对立、反抗。

在这一点上，我们不妨学学陶行知先生的做法。陶行知先生在担任小学校长时，有一次无意中看到一个男孩用泥块砸另一个同学。他当场制止了男孩，并请男孩到校长办公室。

等陶行知处理完事情，回到校长办公室时，男孩已经在那里紧张地等待批评。没有想到，陶行知不仅没有批评他，反而送了一块糖给他。陶行知说："这是奖给你的，因为你按时来到这里，而我却迟到了。"

接着，陶行知又递给男孩一块糖说："这块糖也是奖给你的。因为我让你不再打人，你就立即住手了，说明你很尊重我。"

随后，陶行知拿出第三块糖，又对男孩说："据我了解，你用泥块砸那些男生，是因为他们不守游戏规则、欺负女生，说明你很有正义感，有跟坏人斗争的勇气，所以我再奖励你一块。"

本来是等着挨批评的小男孩被感动得哭了起来，他诚恳地对陶行知说："校长，你打我两下吧！我错了，我砸的不是坏人，而是自己的同学呀。"

最后，陶行知笑着拿出第四块糖对男孩说："为你正确地认识错误，我再奖给你一块糖。"

男孩接过糖后，陶行知对他说："我的糖发完了，我们的谈话也该结束了。"

陶行知先生没有不分青红皂白地批评和惩罚打人的学生，而是第一时间去了解情况，巧妙地用四块糖消除了一个孩子的忐忑，帮助他认识到自己的问题，并愿意为之改正。

自尊和自信，是人成长最重要的动力，减少一些批评，对于培养孩子的自尊心和自信心，对于建立良好的亲子关系，无疑具有重要的作用。

第十章

学校的减法：课前与课后的关系

我们知道，"双减"政策的出台，一是要减轻校内过重的课业负担，二是要减轻校外培训的负担，尤其是要对校外学科培训进行强力管控。在很大程度上，这是再次重申了学校教育是教育的主阵地、主渠道，校外教育是学校教育有益的补充这样的功能定位。那么，学校的减法究竟应该怎样做呢？

1. "双减"真正落地无疑第一责任人是学校

学校是整个教育系统的中枢。学校对于家庭、社会具有重要的影响和辐射作用。

从学校的角度看，"双减"真正落地无疑第一责任人是学校。"双减"要求学生在学科知识学习和培训方面所花费的精力和费用减少，同时还要保证学生能够放开天性，找到自己的奋斗目标和人生方向，能够把学生培养成具有动手和实践能力的、社会真正需要的人才。

这就要求学校首先要改革教育内容和方法，要尽可能整合现有课程，通过 PBL（Problem-Based Learning，问题导向学习）等有效的学习方式，让学生跨学科学习。只有学得主动、生动，学习才能真实发生，才能有真正的成效。

其次，学校要为教师减负，不能够出现学生减负、教师加负的情况。现在学校的课后托管，主要是以学校教师组织学生学习与活动为主，教师的工作时间延长了，休息的时间得不到保障，占用了教师阅读、思考、备课的成长时间，这是不可持续发展的。

2. "双减"不是校外培训机构"单减"，学校内部的课业负担也要减

学校教育与校外教育是一个有机的整体，不能搞成两张皮、两个教育体系。"双减"不是校外培训机构"单减"，学

校内部的课业负担也要减。在"双减"工作中，关于校内和校外的关系思路是清晰的，也就是说，在立德树人、建设高质量教育体系，培养高水平人才目标不变的前提下，校内课业负担和校外培训负担要双双减少，校内校外教育都需要做出调整。

减负只是手段、路径和指标。"减"本身不是目的，减是为了增，是为了给学校教育提质增效留出时间和空间，为了青少年学生更好实现全面而有个性的发展。总之，落实"双减"政策，中小学要考虑如何"减"，更要考虑如何整合现有教育资源，考虑如何在"减"的同时达到"增"的效果，如何把学校教育教学搞得更好。

3. 向课堂教学要质量

校内要减负提质，必须向课堂教学要质量。

课堂教学的质量同样包含效果和效率、品质和速度两个维度，也就是说，课堂教学要有效，要高效，唯其如此，才能给校内的课外活动留出时间和空间。我们期望，通过教师能力水平的提升，课堂教学改革的深化，新技术在教育教学过程中的应用，教育资源的扩展等手段，来不断提升校内教育的质量。

北京师范大学附属实验中学的于晓冰老师认为，提高学生的学业成绩，并不是只有"加量"这"华山一条路"。他提出，现在的学生如果学习时间能够减少一半，少留或者不留家庭作业，他们的学习兴趣会更浓，学习效率会更高，学习收获也会更大。因此，他一直坚持"三不"政策：不拖堂、不加课、不布置硬性的家庭作业。他的学生虽然看起来比别的学生学得"少"，但成绩反而比其他的学生更好，尤其是在最后能够奇迹般地实现逆袭。[1]

提升学校的教育服务能力，使之覆盖校内教育教学和课后学生自学、部分学生的个性化学习，各地城乡中小学都有很大的空间。从根本上来说，需要尽快构建真正意义上的国家教育资源平台，为全国中小学提供最基本的校内全学科优质课程教育资源。在国家资源平台优质教育资源相对不足的情况下，各地可以重点帮助薄弱学校和边远地区的学校对接优质教育资源，确保校内教育的品质。

---

[1] 于晓冰：《减法教育》，中信出版集团，2021年版，第7~9页。

近年来，北京市在这方面进行了积极的探索。2021 年 11 月 18 日，北京市印发了《北京市中学教师开放型在线辅导计划（试行）》。该计划通过搭建中学教师开放型在线辅导管理服务平台，鼓励中学教师发挥自身教育特长和优势，自主开放教学资源，提供多种形式的在线辅导服务，供全市中学学生按需选择适合的教师开展在线学习，及时解决学习过程中的问题，帮助学生强基础、补短板、提能力。以"互联网＋"和大数据深化创新基本公共教育服务方式，实现教师服务属性精细化的萃取和在线流转，为中学学生提供精准化、个性化、多样化的在线教育服务供给，促进优质教育资源供给侧结构性改革和个性化教育服务模式的创新，保护、发现并发展学生的个性和特长，培养学生发展适应未来开放式学习环境的新型学习方式，增强学生和家长的实际获得感。

北京市教委相关负责人表示，在线辅导计划并不是"在线补课"，而是与校内供给相配合的公共资源，将为学生提供学科精细化、个性化的特色分类辅导。该项目已于 2016 年 11 月先行在通州区启动了第一阶段试点工作，此后拓展至平谷区、密云区、怀柔区、延庆区、房山区、大兴区、门头沟区和经开区，截至 2021 年 7 月 14 日，中学教师开放型在线辅导平台申报并通过审核的教师超过 1.46 万人，区级及以上骨干教师占比 60%。"对师生问卷调查和学生辅导效果追踪分析表明，师生对在线辅导的满意度均在 90% 以上。"

4. 课前与课后的关系

这里所谓的课前与课后，指的是三点半之前与三点半之后的学校教育。

三点半之前是国家课程的教学，有课程方案、课程标准，还有国家统编的教科书，教师、教学资源和评价标准相对来说比较健全。

而三点半之后，也就是我们所说的课后服务，从目前的实际情况来看，各地差异巨大。有的地方课后服务主要是教师看管学生完成课后作业，有的学校则开始了艺术、体育、科学等多种类型的选修课，有的学校则把课后服务变成了课堂教学的补充，按照学生课堂上的掌握情况，开设了相应的学科补习和提高的课程。

应该说，课前与课后和校内与校外一样，都是教育的有机整体，都需要整体谋划。关于课后服务，"双减"政策中明确提出了三点要求。

一是保证课后服务时间。学校要充分利用资源优势，有效实施各种课后育人活动，在校内满足学生多样化的学习需求。引导学生自愿参加课后服务。课后服务结束时间原则上不早于当地正常下班时间；对有特殊需要的学生，学校应提供延时托管服务；初中学校工作日晚上可开设自习班。学校可统筹安排教师实行"弹性上下班制"。

二是提高课后服务质量。学校要制定课后服务实施方案，增强课后服务的吸引力。充分用好课后服务时间，指导学生认真完成作业，对学习有困难的学生进行补习辅导与答疑，为学有余力的学生拓展学习空间，开展丰富多彩的科普、文体、艺术、劳动、阅读、兴趣小组及社团活动。不得利用课后服务时间讲新课。

三是拓展课后服务渠道。课后服务一般由本校教师承担，也可聘请退休教师、具备资质的社会专业人员或志愿者提供。教育部门可组织区域内优秀教师到师资力量薄弱的学校开展课后服务。依法依规严肃查处教师校外有偿补课行为，直至撤销教师资格。充分利用社会资源，发挥好少年宫、青少年活动中心等校外活动场所在课后服务中的作用。

应该说，文件的规定是清晰而具体的。但是各地资源的差异和执行的差距很大。这与各地对课前与课后任务的理解偏差有关。其实，三点半之前是立德树人，三点半之后也是立德树人，目标不能变。要厘清两者的关系，围绕着立德树人根本任务，把分工讲清楚，三点半之前我们干什么，三点半之后干什么，互补形成整体，都是育人，不能搞成两张皮，这需要进一步研究，积极开展探索。

"双减"政策实施以来，各地各校课后服务工作做了很多有益探索与实践，取得了一定的成效，但仍然存在一些困难和问题。

第一，课后服务内容形式单一。调查发现，很多学校的课后服务是安排学生在原有的班级，由本年级或本班任课教师看管，一些美术课程、绘画课程、书法课程都在教室中进行，社会实践活动的开展有限。同时课后服务班额大，班级数多，且拥有体育类和艺术类教学技能的教师占比稀少，对于学生有需求的音乐类、体育类、智力类和创新类等课程难以提供。

第二，一线教师负担增大。教师除了日常教学外，更需要担负起学生德育、生活、素质教育等工作。很多班主任教师承担了多种职务，下班后也要处理有关学生的各种事务，工作量明显增加，工作时间延长，每天超负荷运转，疲于应付。

第三，课后服务经费来源单一。课后服务作为准公共产品，应该由政府财政拨款为主，父母合理付费为辅。调查发现，有的地方对于课后托管服务和课后兴趣活动服务基本采用的是服务性收费的方式，定价偏高；部分地方则完全由政府买单，但课后服务工作带来的学生管理成本、人事管理成本、后勤管理成本增加，对学校课后服务运行带来了难度和挑战，导致课后服务因人力、物力、教育服务能力等资源有限而不能完全满足实际的需求。

第四，课后服务监管体系缺乏系统性。由于课后服务工作起步不久，还缺乏政府层面体系完备的质量监测标准，常规化监督评估体系没有形成，课后服务工作效果的评价标准不一。

因此，如何减轻教师的负担，如何丰富课后服务的教育资源，如何统筹安排课前课后的教育内容，如何满足课后服务的个性化需求，如何加强社会教育资源对课后服务开放等问题，还有待进一步深入研究、积极探索。我认为，这方面关键任务有三个：一是打破校园藩篱，拓展课程资源；二是提升学校教师课程开发能力；三是技术赋能满足课后服务组织和监管的需要。当然，这也需要更好的办学条件保障。

第十一章

社会的减法：协同育人，功能不减

2022 年 3 月 5 日上午，我作为全国政协常委列席了第十三届全国人民代表大会第五次会议，李克强总理在人民大会堂向大会作《政府工作报告》，在谈到 2022 年政府工作任务时指出，健全学校家庭社会协同育人机制。

我的一个朋友看到这则新闻，问我何谓"协同育人"。

所谓协同育人，就是总理所说的学校、家庭、社会互相协助共同育人。朋友之问提醒我，在教育职业共同体之外，大家熟悉学校教育，也知道家庭教育，但是，对社会教育可能较为陌生，不理解协同教育很大程度上是因为不了解社会教育。今天，我们讨论减法教育，不能简单地把减法教育理解成"双减"，更不能简单地把社会教育的减法理解为减掉校外培训机构的学科培训。相反，我们要把"双减"政策落到实处，就必须放大社会教育的协同育人功能，我们探讨减法教育，也必须重新思考社会教育。

在解释何谓"社会教育"之前，我先插播一段克洛茨在《减法》一书中提出的第二条运用减法的原则——"拓展：既考虑加法，也考虑减法"。我们对社会教育的强调，就像克洛茨在书中多次提到的越南战争纪念碑设计者林璎的设计理念，把减法与加法有机地结合起来。她说："越战纪念碑不应是大地上增加的东西，而应是战争为大地留下的一道伤痕。"因此，她没有采用高耸入云的纪念碑的形式，而是把纪念碑"植入"地下，从地上移去一片土地，再去做加法。社会教育在我所说的减法教育体系中就是这样，努力尝试减法，但是不排斥加法，把加法与减法有机地整合在一起，产生林璎设计的纪念碑一样的效果。

1. 社会教育究竟是什么？

我们教育界人士都知道，我们的教育体系是三位一体的，一个是学校教育，一个是家庭教育，另一个就是社会教育。对于社会教育，我们往往将其简单地理解为社会培训机构的学科辅导。这样理解，不能说不对，但是，这只是社会教育的一个很小的方面而已。

我们小时候一到清明节就去祭扫人民英雄纪念碑也是社会教育，教育内容是爱国主义，学校请老红军、老八路给孩子们讲爱国主义故事也是社会教育。我们新教育实验十大行动中的"聆听窗外声音"，请专家学者大师或者普通劳动者、父母到中小学讲课，也是社会教育。总的来说，包括学科类培训与非学科类培训在内的社会培训机构的独立教育活动，最多只是狭义的社会教育，我们所说的社会教育泛指家庭、学校之外能够对学生完成教育功能的文化教育活动。

在普及义务教育之前，没有机会入校读书的孩子，除了接受家庭教育，只能在劳动与生活当中接受社会教育，没有选择。因此，我们谈论社会教育，谈论的都是已经普及义务教育的当下，既承担教育职能又具有教育资源的青少年宫等独立的校外教育实体如何对中小学生发挥社会教育功能，社区教育、科技馆、博物馆、文化馆、天文馆、动植物园等社会单位如何对中小学生发挥社会教育功能。

中华人民共和国成立以后，中央人民政府教育部内设了一个社会教育司，主管社会教育工作，主要任务是宣传马列主义、毛泽东思想、党的政策，普及科学文化知识，开展群众性的文艺、体育活动，以提高包括广大青少年在内的全体人民群众的思想觉悟和科学文化水平。承载这一使命的机构就是文化馆、少年宫、业余体校、图书馆、博物馆、纪念馆，乃至于电影院、剧院、广播电台、电视台等大众传媒。现在没有社会教育司了，新成立了一个校外教育培训监管司，这在一定程度上可能把社会教育窄化了。

2. 我们的社会教育出现了什么偏差？

社会教育最大的特点是，它是一种活的教育，是对学校教育的有益补充，现代教育体系没有社会教育是不完整的。2015 年教育部印发的《关于加强家庭教育工作的指导意见》提出，"推动家庭教育和学校教育、社会教育有机融合"。2022 年 1 月 1 日开始实施的《中华人民共和国家庭教育促进法》提出，要"建立健全家庭学校社会协同育人机制"。这体现了政府对家校社协同育人的高度重视。然而，长期以来，认识上的不足，导致家校社协同育人的实践出现了一些偏差。在 2022 年 3 月李克强总理作《政府工作报告》之前，我们民进中央向全国"两会"提交了一份《关于完善家庭学校社会协同育人机制的提案》，一些新闻媒体也做了报道。

我们在这份提案中指出协同育人的三个偏差，其中之一是"社会对青少年教育的参与严重不足"。大家都知道社会教育是青少年成长中必不可少的环节，虽然博物馆、科技馆、文化馆等社会教育的场所已经免费或低价向广大青少年开放，但是各级各类学校在组织学生参与社会教育活动方面还存在一些障碍，县域、乡镇社会教育资源不足，各类场馆未有效对接学校需求，活动针对性不足、效果不佳，学生校外活动安全保障等问题还不同程度地存在。学校教育与社会教育总体上还是"两张皮"。

针对"社会对青少年教育的参与严重不足"，我们民进中央建议：发挥好学校的教育主阵地作用的同时，加强社会教育资源的开发和综合利用。概括而言，社会要向家庭和学校提供支撑，积极开发高质量的教育公共资源；社会要向家庭扩大普惠低价的教育资源供给，提供适合我国国情的家庭教育类书籍，为家庭教育亲子游戏、儿童同伴游戏、家庭研学提供各类公共文化体育资源（包括场地、设施、文体服务等）；政府应在公共文化、体育资源配置上向儿童教育倾斜；

同时可通过政府购买服务，或是税务政策调节、发放专项补助等方式，引导、鼓励、扶持社会力量开发教育公共资源，让普惠性、公益性教育公共资源走进广大家庭，满足千家万户的需求。

3.把学生的课余时间从社会培训机构中抽出来

2021年7月，中共中央办公厅、国务院办公厅印发了《关于进一步减轻义务教育阶段学生作业负担和校外培训负担的意见》。"双减"政策的原则和目标非常清晰，即全面贯彻党的教育方针，落实立德树人根本任务，着眼建设高质量教育体系，强化学校教育主阵地作用，深化校外培训机构治理，坚决防止侵害群众利益行为，构建教育良好生态，有效缓解社会焦虑情绪，促进学生全面发展、健康成长。

"双减"政策出台半年之后，已经初见成效，有效减轻了义务教育阶段学生过重的作业负担和校外培训负担，有效遏制了资本在教育领域的野蛮生长和无序扩张，教育生态不断优化，社会反响总体较好，目前改革正朝着更大范围、更深层次推进。

下一阶段，如何通过"双减"这样一个杠杆撬动中国基础教育的变革，通过"双减"来提质增效，重点在于处理好五对关系，其中之一就是校内教育与校外教育的关系。

在大规模压减学科培训，时间、内容严格受限的情况下，校外教育如何提供精准的个性化服务，成为校内教育的有益补充，促进中小学生的身心发展、个性化发展、最优化发展，是落实"双减"政策的根本遵循。

过去，由于资本的快速进入，各种培训机构野蛮生长，广告满天飞，中央电视台等主流媒体的黄金时段也充斥着补习班的广告。不让孩子输在起跑线上，成为许多父母焦虑的源头。我们绝不可以像以往那样，利用父母和学生的功利心态，炒作、放大教育焦虑，逼迫、胁迫学校教师和父母就范，更不能凭借资本实力"野蛮生长"。

现在国家规定不允许学科类补习机构做广告，就是最好的减法。对"双减"政策而言，减少校外培训，意味着社会资本的逐步退出和社会人才的转型，这也意味着学生原本在社会培训机构的金钱花费和时间消耗都大为减少，可以让他们在课余时间从社会培训机构中抽身出来。

4. 减少校外培训并不意味着社会在协同育人方面的功能减弱

需要指出的是，减少校外培训并不意味着社会在协同育人方面的功能减弱，相反，新的格局和变化，要求社会给儿童提供更丰富的实践资源和活动区域。

2021 年 10 月 15 日，国家发改委联合 22 部门印发《关于推进儿童友好城市建设的指导意见》，目的就是要推动城市环境和社会资源在协同育人方面发挥更大的作用。特别是对于儿童生活的社区而言，如何利用国家政策和社会变革的动力，为儿童提供更好的发展环境和公共服务，对协同育人起着重要的作用。

就此，我在前面说到陶行知的减法的时候，举例说到北京海淀区双榆树中心小学种植社团的 31 名小学生的"秘密花园"，讲学校如何利用一墙之隔的中关村众享荟生境花园，讲 2021 年 9 月"双减"政策落地后，街道和学校合作把生境花园作为劳动实践基地向学校开放的故事，大家可以翻到前面的章节看相关文字，这里不再赘言。

社会机构和社区如何配合学校和家庭，为"双减"真正落地做一些实实在在的工作，仍然需要从体制、机制上进一步研究，特别是如何更好地发挥图书馆、博物馆、科技馆、美术馆等社会教育机构的作用，如何鼓励培训机构成为优质课程的提供者，如何鼓励各种公益机构、慈善组织为学校托管和学生成长发挥更大的作用，都需要进一步认真研究和探索。根据我们目前的形势，在这里，我想专门讲讲学科类培训机构转为非学科类培训机构面临的一系列问题。

根据中央"双减"政策的要求，校外学科类培训要大大压减，压减之后要转型，转为非营利性质。而校外非学科类培训也明确了范围，包括科技、艺术、文化、劳动、社会实践等。

"双减"政策出台后，数量众多的教育培训机构势必从学科类转向其他领域。从调研情况看，培训机构正在向课后托管、素质教育、成人教育、职业教育、智能教育等领域集中，但限于现有人员、经营能力、资源资金、市场空间等条件的不足，多数机构转型艰难。

学科类培训机构转为非学科类培训机构面临一系列问题，可以概括为四个方面。

第一，学科类的教育培训机构扎堆涌入艺术培训、科技培训等非学科类培训市场，大量机构和资本集中涌入某一赛道、某一领域，是否会再次引发培训乱象，带来新的无序竞争，需要引起高度重视。

第二，非学科类培训"卡脖子"政策，比如非学科类培训也要求老师有教师资格证，但是象棋之类的培训很多老师并没有资格证，也不知道考什么科目，一些非学科类（如书法、象棋等）老师拿到了行业协会颁发的相关证书，但教育主管部门不予认可。

第三，学科和非学科划分过于程式化和简单化，划分细则还不明晰，口才、书法、阅读等科目划分各地执行的标准不同。其实，更深层次的问题是，学科类培训与非学科类培训之间有一道泾渭分明的鸿沟吗？科技、艺术、劳动、社会实践，就是非学科类培训吗？项目式学习，是学科还是非学科呢？而且这样的分类，明显把学生的学习内容分为不同的等级，分为考试需要的学科类课程和考试不需要的非学科类课程。

第四，一些市场规模大、研发能力强的学科类培训机构，长期以来积累了大量的人才资源和课程资源，它们拥有非常强大的"中央厨房"和教研队伍。全部退出学科培训市场后，建议可以通过政府购买公共服务产品的方式，利用它们的智力资源既可以充实我们的教研队伍，也可以购买一定的学科课程服务，在课前或课后的学科教学中发挥它们的作用。

俄国作家克雷洛夫讲过一个故事：一只龙虾，一只天鹅，一条梭鱼共同拉着一辆车，它们拉得很卖力，但龙虾使劲往里爬，天鹅拼命往上飞，梭鱼使尽全力往水里游，结果车子一步也走不动。这则寓言故事对于我们的教育也是很有启示的，在教育的问题上，家庭、学校、社会，如果不能够协同育人，不就像不同的动物拉同一辆车一样吗？

5. 把会议、文件和检查减下来

2019 年 12 月，中共中央办公厅、国务院办公厅印发了《关于减轻中小学教师负担进一步营造教育教学良好环境的若干意见》，该文件明确指出，办学有规律，学校有主业，要减少不必要的检查评比，不能动辄让学校停课出人出场地办活动，更不能把招商、拆迁等"摊派"给学校，并向教师下达指令性任务。切实减轻教师身上与教育教学无关的不合理工作负担，使教育返璞归真、回归本源。

但是，总的来看，用会议落实会议、用文件落实文件的顽疾并没有真正治愈。"开会等于落实，发文等于做过"仍然是评价基层学校工作好坏的标准。有校长吐槽说："一年要签阅上千份方方面面发来的文件，参加一百多次大大小小的会议，应付几十种验收评估，上报成百个材料。"

管理的减法，关键在于要切实减轻学校和校长的负担。学校和校长的负担减轻了，教师和学生才能真正"减负"，学校才有活力，教师和学生才能生动活泼、自主发展。

第一，把会议减下来。

记得有一次，在全国"两会"上，全国人大代表、南开大学校长龚克和我一起接受央视采访，针对记者提出的某大学学生创作了《校长去哪儿了》歌曲一事，龚克笑称，校长们经常开会，"会议实在太多"。龚克校长说的是大学，中小学的情况则有过之而无不及。我看过资料，广东一位校长，一年参加了240多个会议。现在会议重复的内容太多了，已知的政策、同样的内容不断地层层重复学习。

在很多地方，因为校长有一定的行政级别，而且地方政府的大部分工作需要学校配合，无论是房屋拆迁、招商引资、脱贫攻坚、疫情防控等，都会给学校布置任务，所以，校长们必须参加各种各样的会议。开完会议，到学校就要开会传达。因为需要参加的会议越来越多，学校配备的领导也就越来越多。在会议中"成长"起来的校长，慢慢习惯了用会议落实会议、用会议解决问题的思维定式。一周开几次会议，一次会议开一两个小时，已经成为许多学校的常态。

有教师在网上吐槽，学校每周平均要开三次会议，每次会议"一般从教学主任开始，然后德育、后勤、体卫、综治、食堂等诸多部门亮相布置任务，每个中层都要说至少5分钟，中层说完，副校长说，副校长说完，'一把手'校长做总结发言"。会议太多，会议本身就成为走过场的形式，"开会就念稿，念完就鼓掌"，"要么是一片鼾声，要么是一片掌声，要么是一片歌功颂德声"成为许多会议的标配。

对此，中国教育学会副会长、北京第一实验学校校长李希贵有清醒的认识。他提出，一个学校的大部分问题，是应该通过制度而不是会议来解决的，"一个成熟的组织，必须坚持不懈地向常规性会议开刀"。

李希贵引用了著名管理思想家彼得·德鲁克的一个重要观点，那就是会议是靠集会来商议，是组织缺陷的一种补救措施，"我们开会时就不能工作，工作时就不能开会，谁也不能同时又开会又工作。一个结构设计臻于理想的组织，应该没有任何会议。会议应该是不得已的例外，不能视为常规"。

李希贵举了一个关于"教师监考动员会"的案例。这种会议，是许多学校大小考试的规定动作。这样的会议，有的学校每个学期就多达十几次，开会者和参会者都有说不出的苦恼。之所以开这个会议，就是因为担心监考中出现各种各样的问题，特别是无法弥补的失误。但是我们对监考出现的失误又没有明确的处分办法，甚至对因为监考失职可能出现什么样的问题都没有梳理清楚，当然也缺乏具体的、明确的应对措施。其实，如果把相关的制度建立起来，明确所有岗位的权利、责任、义务，"尽最大可能梳理可能出现的问题，并做到每一个问题都有明确的处置办法，而且毫不姑息"，就可以省去一次又一次重复性的会议。

当然，我不能同意希贵校长"一个结构设计臻于理想的组织，应该没有任何会议"这样极端化的结论，但是，德鲁克的观点和李希贵的许多做法，还是值得我们教育行政部门和校长们认真学习、借鉴和思考的。

第二，把文件减下来。

一所学校一年要处理多少文件？

曾经有媒体报道，2012 年，眉山市东坡区教育局发出署有该局全称的"红头文件"共计 503 次。虽然这些"红头文件"中，有"东教办发"，也有"东教研发"，还有"东教人发"，等等[①]，但是上面千条线，学校一根针，所有的文件都要学校校长来处理。

"文山会海"背后是许多"落实"的工作。文件多一点也就罢了。关键是这些文件背后，还藏着一件让学校"最头疼"的事情，那就是学校须按照文件落实相关工作，并且提交相关佐证材料。正如当地部分学校的校长所反映的那样，如关于爱国主义教育的国旗的文件，不仅对国旗设施等提出了相关标准，而且对检查汇报提出了明确要求，"如校园内是否有标准旗台，旗杆是否悬挂国旗。检查时，这个一眼可见。但按要求，学校必须拍照附说明，作为材料存档"。局里来学校检查，不看别的，就看"佐证材料"，无材料便会被扣分。而且是少一份材料，即按项扣分。"据不完全计算，每个学校每年须完成的佐证材料，几乎都要超过千份。"[②]

---

① 《眉山一区教育局 1 年发文 503 次　下属学校疲于应付》，中国新闻网，2013年 1 月 18 日。
② 同上。

有人还给东坡区教育局算了一笔账。教育局下发的"红头文件",平均每一份文件至少4页。按目前打印市场价0.3元/页计算,打印一份文件需1.2元,打印503份文件至少需花费603.6元。按照100所学校算,全年所有下发文件的印刷费用共需60 360元。

平心而论,眉山市东坡区教育局的文件在全国各地教育局中肯定不是最多的,和很多地方相比可能只是小巫见大巫。但是,管中窥豹,与"会海"一样泛滥的"文山"同样压得学校和校长喘不过气来,是教育减法必须要做的大文章。

减少会议,需要通过制度的建立。减少文件,需要标准的确立。其实,学校的常规管理工作是不需要每年、每学期重复发文件部署的。只要按照相关的规范与标准,建立科学的评价与奖惩办法,就可以大量减少类似的"文山"。

第三,把检查减下来。

与"文山会海"一样,让学校校长头疼的另一件事情,就是各种各样名目繁多的检查验收。

有校长反映,近几年,随着国家对教育的投入不断加大,各种资源和项目落实到学校和教育管理单位,这本来是一件好事。但是,随之而来的各种检查和验收却让他们不堪重负。

以县域义务教育均衡发展为例，项目规划、实施、监督、检查、验收等各个环节，都产生了不同于以往的工作量，同时还出现了"省里要来，市里先检查一次；市里要来，县里先检查一次；县里要来，镇里先检查一次"的情况，面对重复性检查、考核的压力，只能动员一线老师参加到写材料和接待中去。

新华社的《半月谈》杂志曾经发表了一篇文章，文中提到"学校不是菜市场，检查不能左一场右一场"，引起了许多校长和老师的共鸣。一个学校每学期大大小小的检查有几十次，所以"检查一声喊，全员团团转"。检查不是简单的检查，学校要事先准备，要开会布置，全员动员，要写材料，来了还要陪同。过多的检查给学校教育秩序带来的影响是难以想象的。我们能否给校长一个权利，拒绝一些不必要的检查？

也有老师在网上吐槽，学校里"一个月大大小小的检查有十几次之多，平均一到两天检查一次。有省级检查、市级检查、区级检查、校级检查"。不仅仅教育部门的教学业务要检查，师德师风、校园建设、心理咨询、卫生安全、普法禁毒、综治维稳、周边环境等都要检查，消防、环保、疾控、司法、交通、气象等管理部门，也经常到学校进行专项检查，一个学期少则一次，多则两次。学校不可能像党政机关那样，麻雀虽小五脏俱全，一条线就配一个部门，于是，所有与学校教育有关和无关的"重要"工作就成了校长必须应对的工作。校长就成为集"安全第一责任人""计划生育第一责任人""消防第一责任人""卫生第一责任人"等于一身的"第一人"。每个部门来检查一次，都需要组织老师提前准备文字材料，组织学生进行各种形式主义的"表演汇报"，结束以后还要写总结材料。"一些职能部门本应服务校园，但在职权不对等条件下，变成了安排校园，落实工作变成了布置工作，每项工作对校园来说都是额外负担。"

面对各种各样的检查，校长们要么"狡猾应付"，要么"弄虚作假"。比如一位村小学校长在应付"扫黑除恶"检查时称，"学校都是 10 岁左右的小学生，怎么落实扫黑除恶？我就从村里借了一张条幅拉了一下"，"我每次只找一个班来应付，主要利用课间操、体育课之类的时间。其他的各种材料总结，便做一个板报，或者利用一个班会来解决多个活动的材料"。

更有甚者，就是复制抄袭，还出现了不少"张冠李戴"

的笑话。"A校的材料上赫然印着C校的校名，C校的材料上赫然印着D校的校名。"为了顺利通过检查验收，学校只好绞尽脑汁做假账，让材料"符合标准"，做得漂亮好看。这样的做法，不仅玷污了校长的良知，也损害了教育的形象，在教师和学生的心中也留下了难以修复的阴影。

为了减轻教师不必要的行政负担和非教学任务，应该尽快启动《学校法》立法工作，以法律形式明确学校、教师的责任、权利、义务等内容，明确学校和教师的责任边界。要尊重教育规律，清理非教学专项工作进校园项目，严禁侵占正常教学时间、学校德育活动时间、体育锻炼时间开展各类行政系统的"任务"，设定各学校一年内考核和活动的最高次数，超过数量，学校有权拒绝。同时，要减少形式主义的行政检查和督导评估，避免"走过场""做样子""穷应付"，对学校开展的检查、督导、评估必须坚持随机性原则，不得提前通知学校准备迎接行政检查和督导评估。

第四，实实在在为中小学减负。

这么多年来，中央为中小学减负的文件发了不少，人大代表、政协委员也在不断为中小学校长、教师减负呼吁，但是为什么一直减不下来呢？究其原因有以下三点。

一是没有硬标准。中央八项规定要求，"要精简会议活动，切实改进会风"，"要精简文件简报，切实改进文风，没有实质内容、可发可不发的文件、简报一律不发"，但是什么文件该发，什么文件不该发，什么会该开，什么会不该开，并不容易辨析，并不像"1+1=2"那样答案明确，稍一放松，该发的不该发的文件都发了，该开的不该开的会议都开了。检查、督导、借调等也是如此。

二是没有硬处罚。从中央到地方，在反"四风"案例中，多数是党员干部吃拿卡要、不作为慢作为等，对"文山会海"的案例通报却极为罕见。这就不难想见，没有案例的警示威慑，部分领导干部依然把中央八项规定当成耳旁风，只要不贪污不腐败，开开会、发发文，搞搞检查评估，借调人员工作也无伤大雅。

三是可以避追责。文件层层转发、通知级级下达，用文件落实文件、以会议贯彻会议，检查落实情况，看似认真、重视，实际上没有什么具体措施，本质上就是向下级推卸责任。以"文山会海"落实指示精神，用检查评估体现重视认真，的确已经成为追责的挡箭牌。于是，投入"文山会海"、有事无事检查，便成了一些官员稳妥的工作选择。

"文山会海"以及不必要的检查评估等是披着干工作漂亮外衣的另一种意义上的不作为、乱作为，在很大程度上影响了各级干部的工作状态和生活质量，更影响了工作本身。纵容"文山会海"以及不必要的检查评估，实质上是对干部思想作风的错误引导，是对中央八项规定和反对"四风"的选择性落实和有意无意的抵制，严重影响了党和政府在人民群众中实事求是、真抓实干的形象。

　　2019年，教育部副部长孙尧在分析教师负担过重的问题时指出，这些问题表面上体现为广大教师承担了与教育教学科研不相干的事务，疲于应付、忙于琐事，但从根本上"反映了当前在尊重教师专业发展规律、理顺现代学校和教师管理体制机制方面存在的制度性问题"[①]。因此，究竟应该如何在教育管理上做减法，如何很好地为校长和教师减负，关键还是建章立制、规范管理。

　　第一，要重申精简会议标准。凡能用小型调度会、协调会、现场会解决的问题，不再召开大会；凡内容相近或会期相近、参会人员大部分相同的会议要合并召开；凡能通过文

---

① 孙尧：《为中小学教师减负增能　办好人民满意的教育》，载于《人民日报》，2019年12月17日。

电办理的不再开会。同时，加强对各级党政机关开会发文的督查力度，严厉处罚、问责乱开会、乱发文的现象。要以"零容忍"的态度面对"文山会海"，要像开展反腐败斗争一样力度不减，节奏不变、不见成效，绝不收兵；不见巩固，绝不罢手。

第二，推广"无会周""无会日"。可以逐步推广湖北宜昌市夷陵区委的做法，将"无会周"制度化。固定每月的第一周为"无会周"。也可以借鉴20世纪80年代河北正定县的做法，规定一周1~2天为"无会日"，"无会日"一律不得开会。学校也要推广"无会周"，最大限度地压缩会议次数、参会人数。

第三，要适应"新时代"，改变开会方式。需要大范围传达的内容，采用云视频会议，组织各级相关人员统一收看，不再层层开会、层层传达；需要不同区域落实的内容，尽量采取电话会议或视频会议，减少舟车劳顿。

第四，要改变工作作风和评价标准。习近平总书记倡导"马上就办"的工作作风，多次强调"一分部署，九分落实"和"崇尚实干，狠抓落实"。"不驰于空想，不骛于虚声。"我们要从根本上改变传统考评标准。要彻底改变以往以开了多少会、发了多少文件来评价工作成绩的做法，改由以工作完成实绩进行考评，从而促进干部作风从"注重形式"向"真抓实干"转变，工作方法由"简单贯彻"向"提高执行力"转变，政府职能由"管理为主"向"服务为主"转变。

"精文简会"并不意味着不发文件、不开会，而是要做到该开的会要"开好"，不该开的会"一律不开"，力戒形式主义。

总之，要以"零容忍"的态度面对"文山会海"和其他加重基层负担的行为，要像开展反腐败斗争一样整治"文山会海"和检查评估，让我们的各级领导干部腾出时间，扑下身子为百姓多干点实事；让我们的学校领导腾出时间，扑下身子为教师和学生多干点实事，多研究点教育教学问题；要把教师从"表叔""表哥"中解脱出来，让他们静下心来从事教育教学研究，提高专业化水平，与学生一起成长。

参考文献

一、图书部分（按姓氏拼音排序）

1. CAPLAN B. The Case Against Education：Why the Education System Is a Waste of Time and Money［M］. New Jersey：Princeton University Press，2019.

2. CAREY K. The End of College：Creating the Future of Learning and the University of Everywhere［M］. New York：Riverhead Books，2015.

3. YAN W. Paradigm Shift of Education Governance in China［M］. New York：Springer，2019.

4. 布兰斯福特，等. 人是如何学习的：大脑、心理、经验及学校［M］. 上海：华东师范大学出版社，2013.

5. 布朗－马丁，塔瓦科利恩. 重新想象学习：互联社会的学习变革［M］. 北京：中国人民大学出版社，2016.

6. 东野圭吾. 毒笑小说［M］. 北京：北京十月文艺出版社，2018.

7. 董宝良. 陶行知教育名篇选［M］. 北京：人民教育出版社，2012.

8. 方明. 陶行知全集［M］. 成都：四川教育出版社，2020.

9. 弗里斯. 心智的构建：脑如何创造我们的精神世界［M］. 上海：华东师范大学出版社，2012.

10. 高世琦. 中国共产党干部教育世纪历程［M］. 北京：党建读物出版社，2013.

11. 霍姆斯，比利亚克，菲德尔. 教育中的人工智能：前景与启示［M］. 上海：华东师范大学出版社，2021.

12. 教育部课题组. 深入学习习近平关于教育的重要论述［M］. 北京：人民出版社，2019.

13. 克洛茨. 减法［M］. 北京：中信出版集团，2021.

14. 兰德斯. 2052：未来四十年的中国与世界［M］. 南京：译林出版社，2018.

15. 李镇西. 教育的幸福：我与新教育 20 年［M］. 上海：华东师范大学出版社，2021.

16. 里德比特. 可复制的教育创新：改变世界的重要力量

［M］.北京：中国人民大学出版社，2016.

17. 联合国教科文组织.反思教育：向"全球共同利益"的理念转变？［M］.北京：教育科学出版社，2017.

18. 联合国教科文组织.教育——财富蕴藏其中［M］.北京：教育科学出版社，2001.

19. 联合国教科文组织.一起重新构想我们的未来：为教育打造新的社会契约［M］.北京：教育科学出版社，2022.

20. 联合国教科文组织国际教育发展委员会.学会生存：教育世界的今天和明天［M］.北京：教育科学出版社，1996.

21. 刘铁芳.追寻生命的整全：个体成人的教育哲学阐释［M］.北京：高等教育出版社，2017.

22. 罗宾逊，阿罗尼卡.让学校重生［M］.杭州：浙江人民出版社，2017.

23. 罗杰斯，弗赖伯格.自由学习（第3版）［M］.北京：人民邮电出版社，2015.

24. 麦吉沃恩.精要主义［M］.杭州：浙江人民出版社，2016.

25. 莫兰.复杂性理论与教育问题［M］.北京：北京大学出版社，2004.

26. 纳尔逊，帕隆斯基，麦卡锡.教育的关键议题［M］.北京：中国人民大学出版社，2018.

27. 钱颖一.大学的改革（五卷本）[M].北京：中信出版集团，2017—2021.

28. 钱颖一.钱颖一对话录：有关创意、创新、创业的全球对话[M].北京：商务印书馆，2021.

29. 山下英子.断舍离[M].长沙：湖南文艺出版社，2019.

30. 矢仓久泰.学历社会[M].长春：吉林人民出版社，2012.

31. 斯密.国富论[M].北京：商务印书馆，2014.

32. 斯特利.重新构想大学：高等教育创新的十种设计[M].北京：生活·读书·新知三联书店，2021.

33. 索恩伯格.学习场景的革命[M].杭州：浙江教育出版社，2020.

34. 谢诺夫斯基.深度学习：智能时代的核心驱动力量[M].北京：中信出版集团，2019.

35. 于晓冰.减法教育[M].北京：中信出版集团，2021.

36. 赵中建.全球教育发展的历史轨迹[M].北京：教育科学出版社，2005.

37. 钟启泉，高文，赵中建.多维视角下的教育理论与思潮[M].北京：教育科学出版社，2004.

38. 朱永新, 等. 十三五, 教育怎么办 (中国教育三十人论坛书系) [M]. 太原: 山西教育出版社, 2015.

39. 朱永新. 生活与教育: 朱永新对话陶行知 [M]. 北京: 商务印书馆, 2021.

40. 朱永新. 拓展生命长宽高: 新生命教育论纲 [M]. 北京: 商务印书馆, 2022.

41. 朱永新. 叶圣陶教育名篇选 (修订版) [M]. 北京: 人民教育出版社, 2021.

42. 朱永新. 朱永新与新教育实验 [M]. 北京: 北京师范大学出版社, 2020.

二、文章部分 (按姓氏拼音排序)

1. 冯建军. 推动构建人类命运共同体: 教育何为? [J]. 教育研究, 2018 (2).

2. 黄忠敬. 从 "智力" 到 "能力" ——社会与情感概念史考察 [J]. 教育研究, 2022 (10).

3. 金生鈜. 教育何以是治疗——兼论教育与人的健康的关系 [J]. 教育研究, 2020 (9).

4. 靳玉乐, 胡月. 劳动教育与学生品格的形成 [J]. 教育研究, 2021（5）.

5. 李永贤. 毛泽东的学生"减负"观：健康第一、学习第二
[N].中国教育报, 2004-01-18.

6. 马国川. 钱颖一：教育决定中国经济未来 [J]. 财经,
2017（11）.

7. 毛泽东. 体育之研究 [J]. 新青年, 1917, 3（2）.

8. 民进中央宣传部. 民进前辈和中共领导人交往的动人故事
[N]. 团结报, 2021-07-01.

9. 宋乃庆, 杨欣. 中小学生课业负担过重的定量分析 [J].
教育研究, 2014（3）.

10. 孙尧. 为中小学教师减负增能 办好人民满意的教育 [N].
人民日报, 2019-12-17.

11. 王子墨. 不妨听听莫言的建议 [N]. 光明日报, 2016-
07-18.

12. 许祎. 钱颖一：比起批评者，我更想做建设者 [J]. 南方
人物周刊, 2018（1）.

13. 于丽爽. "双减"后干什么？海淀中关村的小学生们有个
"秘密花园" [N]. 北京日报, 2022-01-12.

14. 张惠娟. 莫言委员：建议缩短"633"学制，并取消小升

初和中考　学者回应：学制改革，是个系统工程［N］.人民政协报，2016-03-16.

15. 张民选，卜翠.从"学会生存"到"社会契约"［N］.中国教育报，2021-11-11.

16. 朱永新.新教育实验二十年：回顾、总结与展望［J］.华东师范大学学报（教育科学版），2021（11）：1-44.

17. 朱永新.关于大学本科教育的几点思考［J］.大学教育科学，2022（4）.

18. 朱永新.研究课程、教材和教法的新趋势［J］.课程·教材·教法，2021（7）.

后 记

2019 年，《未来学校：重新定义教育》在中信出版集团出版后好评如潮，先后印刷 20 多次，被多个年度图书榜收入，在樊登读书上作者光临的音视频收视人数也直冲 2 000 万。出版社编辑的敬业和专业，也给我留下了深刻印象。

他们知道我正在写作本书后，也一直紧盯写作进度。初稿完成以后，交给了出版社的编辑审阅。

编辑提出的许多意见都非常好，我都尽可能采纳了。但是，有一个重要的意见我没有采纳，那就是他们希望我把字数适当增加。我想，一本讲减法的书，就应该按照减法的规则来做，除非是非加不可的内容，我自然是不能够也不应该再添枝加叶的。

2021 年，民进中央召开了一次基础教育座谈会。教育部郑富芝副部长希望我们就减法之后的校内与校外、课前与课后、学科与非学科、普通教育与职业教育、学与考"五对关系"进行研究，后来我在《人民教育》杂志上发表了《处理好"双减"五对关系，促进基础教育高质量发展》一文试图回应他的课题。

2022年5月，民进中央又一次举办了基础教育座谈会，郑部长在会上明确提出，一年来"双减"工作初见成效，要对这项工作具有信心。同时他也认为，目前的许多政策仍然是"治标"之举，要研究"治本"之策，才能真正地让"双减"行稳致远。本书在一定程度上就是对"双减"问题的进一步研究，是试图研究"治本"之策的探索和尝试。

在本书最后定稿前不久，中国共产党第二十次全国代表大会胜利闭幕。我有幸应邀作为嘉宾参加了开幕式，聆听了习近平总书记代表第十九届中央委员会作的工作报告。这个报告的亮点之一，就是打破了以往把教育作为民生问题论述的惯例，把教育、科技、人才三位一体作为一个整体性问题来谈科教兴国战略。报告明确指出，"教育、科技、人才是全面建设社会主义现代化国家的基础性、战略性支撑。必须坚持科技是第一生产力、人才是第一资源、创新是第一动力"。

为什么说教育是第一基础呢？因为人才的培养是离不开

教育的，教育就是培养人的事业。人才是第一资源，是要有教育作为支撑的。科技发展当然最重要的是人才，没有人才，就没有领先的尖端的科学技术，科技领先也是不可能实现的。

打个比喻，教育实际上是一片沃土，人才是树干，科技是花朵，创新与经济是果实。毫无疑问，没有沃土就没有一切。没有教育就没有人才、没有科技、没有创新。所以，我觉得党的二十大报告对教育在社会主义现代化强国建设中以及在中华民族伟大复兴征程中的重要使命，做了一个非常关键的描绘。

我一直说，我做的是行走的教育学、行动的教育学，结合本职工作读书写作，是我对自己的要求，在本职工作上精益求精、追求卓越，就要多读书、多调研、多思考，这样就比一般沉浸在事务中的人看得更远一些、想得更深一些，也比纯粹的学者了解的情况更多一些、视野更加开阔一些。所以，这本书，其实也是本职工作的一个"副产品"，一个教育领域的参政议政成果，一份关于教育改革的建议书。

我发起的新教育实验，则是以科学的教育方法协助教育各方的减负。如今，新教育人20多年的研究成果，由新教育种子计划公益项目初步汇总为"新教育资源包"，为有意开展新教育的学校、教师，免费提供教学培训和参考资料。需要者可发邮件至 xinjiaoyu1999@163.com，说明情况，得到协助，共同践行一种幸福完整的教育生活。

　　感谢这个时代，感谢所有帮助过我的朋友。

朱永新

2022 年 5 月 25 日晨写于北京滴石斋

2022 年 8 月暑休中修改于苏州滴石斋

2022 年 11 月 13 日定稿于北京滴石斋